ENTRENAMIENTO DE LIDERAZGO
Fundamento en raíces hebreas

Por

SHALIAJ FREDDY MARTÍNEZ

Entrenamiento de liderazgo
1ª edición
© Copyright 2015
Derechos reservados.

Ninguna parte de esta publicación puede ser reproducida, almacenada o transmitida de manera alguna ni por ningún medio, sea electrónico, químico, mecánico, óptico, de grabación o de fotografía, sin permiso previo por escrito del autor.

Para contactarse con el autor:
fredmtz@hotmail.com

A menos que se indique, las citas bíblicas se tomaron de la versión Reina Valera 1960 (RV60). Los subrayados o negritas en las citas bíblicas son énfasis añadidos del autor.

Otras versiones:
La Biblia de las Américas (LBLA).
Nueva Traducción Viviente (NTV).
Nueva Biblia Latinoamericana de Hoy (NBL).

Edición: Luis Manoukian
luismanoukian@gmail.com

Diseño interior: Julieta Valle
Diseño de tapa: Marvin García

Impreso en México
Printed in Mexico

Freddy Martínez es fundador del ministerio internacional Shekiná, fundador y director del Instituto Bíblico Shemá, una extensión del Instituto Bíblico Angelous Temple. Actualmente pastorea la congregación Shekiná junto a su esposa e hijos en el estado de Salem Oregon.

Contenido

Reconocimientos 7
Recomendaciones 9
Prefacio 11
Introducción 13
1. La Biblia 17
2. ¿Eres hijo de Dios? 21
3. Salvación 25
4. El verdadero discípulo 31
5. Por sus frutos los conocerás 37
6. Vida nueva 41
7. Arrepentimiento 45
8. Fe 49
9. Bautismo 55
10. Lenguas 61
11. Oración 67
12. Ayuno 73
13. Obediencia 77
14. Autoridad espiritual 83
15. Prosperidad 91
16. Alabanza y adoración 99
17. Idolatría 107
18. El deber de congregarse 115

Reconocimientos

Agradezco en primer lugar al Eterno que me permitió terminar este libro, pues sin Él, nada es posible.

Gracias a mi esposa Eunice, a mis hijos Nátaly Eisabet, Freddy Daniel y Karla Abigail por su apoyo y comprensión.

Gracias a las congregaciones que el Eterno ha dado a nuestro cuidado.

Gracias a nuestros amigos y hermanos que siempre han estado a nuestro lado.

Gracias a TMP [Toll my people] por mis fundamentos de liderazgo.

Gracias a Foursquare por confiar en nuestro ministerio.

Gracias a nuestros líderes por sus consejos y su liderazgo.

Gracias Shekiná International por su amor y su apoyo.

Freddy Martínez

Recomendaciones:

Leer este práctico y claro material escrito por Shailiaj Freddy es refrescante, sobre todo porque nos lleva por senderos del lenguaje hebreo y la cultura hebrea para crear en nosotros un anhelo de conocer más de esas tierras bendecidas. Sencillez, frescura y ánimo espiritual es lo que uno encuentra en cada una de estas páginas que ayudan para despertar a un nuevo comienzo en la comunión con el Eterno. Que la paz de Dios inunde todo tu ser mientras no solo lees sino reflexiones en este escrito de conexión espiritual.

Con amor,
Serafín Contreras Galeano
Ministerio Renuevo de Plenitud

Dr. Serafín Contreras Galeano
Ministerio Interdenominacional Renuevo de Plenitud.
Profesional pastoral en adicción sexual.
Certificado por el Instituto Internacional de Trauma y Adicción. USA.
Miembro de la Sociedad de Avance para la Sexualidad Sana. USA.

Entender el origen hebreo de aquellos términos bíblicos que son parte del mensaje que predicamos, y de las verdades que profesamos, es fundamental para la iglesia que es columna (porque sostiene) y baluarte de la verdad (porque defiende) de la verdad.

Al publicar el libro *Entrenamiento para líderes*, el pastor

Freddy Martínez nos permite entrar en aquellas enseñanzas de las Escrituras que él mismo ha estado usando por años para formar a otros en el ministerio, multiplicándose en aquellos que han y están sirviendo a Dios bajo su liderazgo.

Rev. Daniel Prieto
Presidente de la Comisión Nacional Hispana de la Iglesia Cuadrangular.
Presidente fundador de Conexión Pastoral.
Autor del libro Trabajando en equipo.

PREFACIO

Hay muchos personas en el mundo que al pasar por una prueba o circunstancia difícil suelen desanimarse, caer y hasta apartarse de la congregación; o lo que es peor, no desean saber más de Dios. Una de las razones más importantes es porque faltan buenos fundamentos. Al construir un edificio, si carece de buenos fundamentos o cimientos, al sobrevenirle un terremoto u otro tipo de problema, lo más probable es que este caiga y se haga pedazos. En nuestra vida sucede lo mismo, durante años he observado que la mayoría de las personas sin fundamento, al venir un problema o prueba, no la soportan y caen.

En nuestras reuniones de hogar tenemos personas que ya conocían de la palabra de Dios, pero carecían de fundamentos y no soportaron cuando les sobrevino un problema, se apartaron por un tiempo de Dios. Pero al saber que cerca de su hogar se estudiaban las Escrituras acudieron, pero con cierta cautela, tomaron un lugar y así, semana tras semana, sus vidas crecieron con buenos cimientos, ahora son personas que pueden soportar lo que les pasó y seguir adelante sin volver atrás.

El Mesías dijo que construyéramos nuestra casa sobre la roca, lo cual es más seguro y duradero (Lucas 6:48), también Pablo nos muestra ciertos rudimentos o fundamentos (Hebreos 5:11-14; 6:1-2).

Estoy seguro que los fundamentos que encontrarás en este libro te serán de mucha utilidad. Son fundamentos que durante años han preparado a muchos que hoy día son pastores y ministros, es muy difícil que quien los toma continúe siendo alguien que simplemente se congrega.

INTRODUCCIÓN

Hemos observado que las congregaciones de mayor crecimiento en el mundo hoy día son aquellas que trabajan en los hogares con grupos familiares o células.

Pero el propósito de hacerlo no es dar un estudio más donde los que asisten no conocen hacia dónde quieren llegar o por qué se da un estudio en un hogar. He visto fracasar muchas reuniones hogareñas por no tener visión, ni más objetivo que solo dar un estudio.

Podemos pensar que las reuniones son para que la gente crezca. Está bien, pero ¿para qué debe crecer? ¿Cuál es el objetivo?

Al hacer una reunión en un hogar debemos señalar una meta, tener una visión, debemos pensar qué queremos lograr.

He visto muchas reuniones menguar e incluso desaparecer por seguir un método que tal vez funcionó en cierto lugar y pensamos que por lo tanto así debe ser en nuestra comunidad. Debemos ser prácticos y permitir que el Espíritu Santo nos guíe.

La tarea principal durante el entrenamiento es que cada discípulo abra una reunión familiar. Si al finalizar el curso no lo logró, es responsabilidad del líder otorgarle una. Y si el líder no la proporciona, es responsabilidad del director general de células otorgar una, que tendrá que salir del trabajo del equipo de los que anuncian las buenas noticias. Esto será como resultado del programa que desarrolle la congregación local, ya sea casa por casa o cualquier otro método.

Es importante que cada congregación desarrolle un plan de

trabajo de alcance y tenga un equipo de atención a los nuevos congregantes para tomar direcciones y así poder visitarles y darles seguimiento, ya que de esto depende la apertura de la mayor parte de las reuniones familiares. Cada miembro debe tener un objetivo para alcanzar un número de personas a las cuales discipular.

Por ejemplo, tomemos como base el número 2.

Si logras alcanzar 2 personas y después de seis meses de entrenamiento logras que esos dos se comprometan y que puedan hacer el mismo trabajo, ganando por lo menos 2 personas, entonces tendrán 4 discípulos, más las dos con que comenzaste, da un total de 6 personas. Si la operación se repite al año tendrán 12 miembros más los 6 da un total de 18. Tal vez en el primer año no se vea mucho, pero si repiten la operación el siguiente año tendrá 162 discípulos entrenados y preparados para el liderazgo. Recuerda que la mayoría de esos discípulos tienen familia, por lo tanto no tendrás 162 sino alrededor de 800 miembros en su congregación los primeros dos años.

Estoy seguro que si trabajas con fe y fervor lograrás buenos resultados. Estamos viviendo tiempos favorables para proclamar la verdad y experimentar la multiplicación, así que trabajemos con ahínco y el Señor hará el resto.

Conociendo la verdad

Estos estudios fueron diseñados para conocer la verdad en un mundo helénico, la mirada de la mayoría de las iglesias cristianas hoy día está puesta en el romanismo, las iglesias cristianas siguen observando y practicando fiestas y costumbres paganas enseñadas por la Iglesia Romana, en lugar de voltear su mirada hacia el lugar correcto que es Israel.

Lamentablemente la mayoría tiene problemas con eso, piensan que se puede festejar cualquier fiesta pagana, pero cuando se trata de una fiesta que sí es bíblica entonces lo juzgan a uno como legalista o judaizante. Es interesante que siempre se menciona la frase "Dios de Israel", pero no se entiende.

Es sugestivo observar que la mayoría de los cristianos hacen suyas las promesas que Dios le hizo a su pueblo judío, pero ellos no quieren ser partícipes del pueblo judío y rechazan todo lo que proviene de Él. Nuestro Mesías es judío, nació como judío, vivió como judío y murió y resucitó como judío. Él no era griego, y mucho menos romano, hablaba hebreo al igual que sus discípulos. La mayoría en Israel no hablaba griego, como muchos creen, pues en aquel tiempo solo las personas ricas y con buena posición lo hablaban.

Por otro lado, debemos entender que la raíz de las Escrituras es el hebreo y no el griego, y aunque algunos escritos del Nuevo Testamento se hicieron en griego, fue con un pensamiento hebreo, es por eso que los recursos que se usan en este libro son hebraicos. Hemos puesto los nombres originales y los verdaderos conceptos de los fundamentos, por lo que estoy seguro que serán de mucha bendición para todo lector.

Pues escrito está, *"y conoceréis la verdad, y la verdad os hará libres"* (Juan 8:32).

Si esto es algo que expresa el sentir de tu corazón, aquí posees un libro que será de ayuda para que otros vengan a la luz.

capítulo

1

La Biblia

En este estudio enfatizaremos que la Biblia contiene la palabra de Dios. Muchas religiones e instituciones tienen a la Biblia, en cuestión de autoridad, en tercer plano: la autoridad principal de ellos es su líder, después las tradiciones y al final la Biblia. Señalaremos lo que la misma Escritura dice al respecto.

¿Qué significa la palabra Biblia?

BIBLIA (plural griego de *biblión*, libro breve, o sea, colección de libros breves).[1]

Es interesante que sea solo una recopilación de libros breves, ya que como dice el apóstol Juan:

> Y hay también otras muchas cosas que hizo Jesús, las cuales si se escribieran una por una, pienso que ni aun en el mundo cabrían los libros que se habrían de escribir. Amén (Juan 21:25).

Antes de escribirse la Biblia el conocimiento se transmitía en

---

1. Nelson, W. M., & Mayo, J. R. (2000, 1998). Nelson, Nuevo diccionario ilustrado de la Biblia (electronic ed.). Nashville, Editorial Caribe.

forma oral, de generación en generación, a esto se le conoce como la Torá oral. Después la Biblia fue escrita en hebreo y más tarde se escribieron libros que contienen la Torá oral.

¿Para qué es la Biblia?

Encontramos la respuesta en ella misma:

> En 2 Timoteo 3:16 leemos: *Toda la Escritura es inspirada por Dios, y útil para enseñar, para redargüir, para corregir, para instruir en justicia.*

Y esto tiene un propósito:

> *A fin de que el hombre de Dios sea perfecto, enteramente preparado para toda buena obra* (2 Timoteo 3:17).

Las Escrituras deberían de ser un manual para nuestra vida. Dios desea que seamos felices y por eso dejó instrucciones y mandamientos precisos, los cuales si procuráramos seguir seremos felices y bendecidos (ver Deuteronomio 28:1-15).

Como la Biblia contiene la palabra de Dios, es necesario leerla para conocer su voluntad y obedecerla.

Los sacerdotes religiosos ordenaron a los apóstoles no predicar y enseñar acerca del Mesías pero: *Respondiendo Pedro y los apóstoles, dijeron: Es necesario obedecer a Dios antes que a los hombres* (Hechos 5:29).

Nuestro mismo Señor reprobó seguir las tradiciones si estas desobedecen a Dios.

> *Les decía también: Bien invalidáis el mandamiento de Dios para guardar vuestra tradición* (Marcos 7:9).

Aun desde los tiempos del Mesías, las religiones obedecen y enseñan mandamientos de hombres por encima de la palabra de Dios, a estos les dijo: *Pues en vano me honran, enseñando como doctrinas mandamientos de hombres* (Marcos 7:7).

Jesús dijo que si le amamos debemos obedecer su palabra, sus mandamientos.

Si guardareis mis mandamientos, permaneceréis en mi amor; así como yo he guardado los mandamientos de mi Padre, y permanezco en su amor (Juan 15:10).

Y el apóstol Juan lo confirma diciendo:

Pues este es el amor a Dios, que guardemos sus mandamientos; y sus mandamientos no son gravosos (1 Juan 5:3).

Mucha gente dice que conoce a Dios y que lo ama, pero no quiere obedecerle.

Y en esto sabemos que nosotros le conocemos, si guardamos sus mandamientos. El que dice: Yo le conozco, y no guarda sus mandamientos, el tal es mentiroso, y la verdad no está en él (1 Juan 2:3-4).

El que no obedece es porque no le ama. El hombre natural no quiere recibir su Palabra, se enoja cuando le hablas porque no son de Él. El apóstol Juan dijo:

Nosotros somos de Dios; el que conoce a Dios, nos oye; el que no es de Dios, no nos oye. En esto conocemos el espíritu de verdad y el espíritu de error (1 Juan 4:6).

¿Tú en qué espíritu estás?

capítulo

2

¿Eres hijo de Dios?

Por mucho tiempo se ha pensado que los hijos de Dios son todos aquellos que hemos nacido en este planeta llamado tierra. ¿Será eso cierto?

La verdad es que La humanidad es la <u>creación</u> de Dios.

Haber sido creados por Dios no nos hace sus hijos

Hay quienes lo dicen en sentido figurado pues Él es el Padre de la creación.

Lo cierto es que la palabra hijo tiene un significado más profundo que solo ser creado. Hay quienes adoptan y pueden llegar a amar a esa persona tanto como a su hijo biológico.

Pero la mujer más que nadie sabe que el hecho de llevar en el vientre un hijo es algo más que eso, es un maravilloso milagro, que va más allá de nuestro entendimiento, ese bebé es alguien que nació de la madre, es parte de ella y de su ser.

De la misma manera, Dios tiene un vientre espiritual del cual quiere que nazcamos todos los que hemos sido creados por Él.

Entonces, ¿quiénes son hijos de Dios?

Juan 3:1-6 dice:

Había un hombre de los fariseos que se llamaba Nicodemo, un principal entre los judíos. Este vino a Jesús de noche, y le dijo: Rabí, sabemos que has venido de Dios como maestro; porque nadie puede hacer estas señales que tú haces, si no está Dios con él. Respondió Jesús y le dijo: De cierto, de cierto te digo, que el que no <u>naciere de nuevo</u>, no puede ver el reino de Dios. Nicodemo le dijo: ¿Cómo puede un hombre nacer siendo viejo? ¿Puede acaso entrar por segunda vez en el vientre de su madre, y nacer? Respondió Jesús: De cierto, de cierto te digo, que el que no <u>naciere de agua y del Espíritu</u>, no puede entrar en el reino de Dios. Lo que es nacido de la carne, carne es; <u>y lo que es nacido del Espíritu, espíritu es</u>.

El Mesías explicó claramente que para ser hijo de Dios debemos nacer de Él, y para nacer de Dios solo basta con arrepentirse, recibirle en tu corazón, reconocer el sacrificio que Jesús hizo y aceptarlo como tu único y suficiente Salvador. Pues escrito está: *Mas a todos los que le recibieron, a los que creen en su nombre, les dio potestad de ser hechos hijos de Dios* (Juan 1:12).

¿Quiénes son los hijos del diablo?

El Mesías les dijo a los fariseos:

Vosotros sois de vuestro padre el diablo, y los deseos de vuestro padre queréis hacer. El ha sido homicida desde el principio, y no ha permanecido en la verdad, porque no hay verdad en él. Cuando habla mentira, de suyo habla; porque es mentiroso, y padre de mentira (Juan 8:44).

Así que los hijos del diablo hacen lo mismo que él y hablan igual que él.

Los hijos de Dios hablan y se comportan como su maestro el Mesías.

¿Cómo nacer de Dios para ser su hijo?

Arrepiéntete de tus pecados y comienza haciendo una oración, para recibirle, porque escrito está:

Que si confesares con tu boca que Jesús es el Señor, y creyeres en tu corazón que Dios le levantó de los muertos, serás salvo. Porque con el corazón se cree para justicia, pero con la boca se confiesa para salvación (Romanos 10:9-10).

Pero también debes obedecerle pues Jesús dijo:

No todo el que me dice: Señor, Señor, entrará en el reino de los cielos, sino el que hace la voluntad de mi Padre que está en los cielos (Mateo 7:21).

La mayor expresión de amor de un hijo hacia su padre es la obediencia.

Así que lee la Biblia y aprende que quiere Dios de ti, congrégate en un lugar donde se predique la palabra de Dios y sé fiel, de esa manera recibirás las promesas que están preparadas para los que le obedecen. Que el Señor te bendiga y te guarde.

capítulo 3

Salvación

Esta palabra viene del verbo salvar, de la raíz hebrea: Yasha יָשַׁע que significa: «salvar, liberar, socorrer». En esencia, la palabra significa «quitar o librar a alguien de una carga, opresión o peligro».

Pero la palabra salvación nos habla del salvador, la palabra hebrea para salvación es: Yeshû‹ah הָעוּשְׁי término femenino que significa: «salvación, liberación». (La h al final lo convierte en término femenino.)

Esta palabra la encontramos en las Escrituras por primera vez en las últimas palabras de Jacob.

¡Señor, espero tu salvación! (Génesis 49:18, NVI). (Espero tu Yeshuah.)

¿De qué debe Dios salvarnos?

Dios desea salvarnos del peligro de la muerte y del sufrimiento eterno.

El hombre está perdido en sus delitos y pecados, *por cuanto todos pecaron, y están destituidos de la gloria de Dios* (Romanos 3:23).

Dios es santo, apartado del pecado, por lo tanto al reino de Dios no se puede entrar con pecado. El hombre está lleno de maldad y es culpable, por lo tanto no puede entrar. Así como hay leyes naturales hay leyes espirituales y si se violan o se rompen esas leyes, hay un precio que pagar y el precio por el pecado es la muerte.

Porque la paga del pecado es muerte (Romanos 6:23a).

¿Quién es nuestro salvador?

La muerte es el precio que todo hombre debió pagar. Sin embargo, Dios en su misericordia envió a su Hijo Jesucristo para que pagara por nosotros.

Juan 3:16-18 dice:

> *Porque de tal manera amó Dios al mundo, que ha dado a su Hijo unigénito, para que todo aquel que en él cree, no se pierda, mas tenga vida eterna. Porque no envió Dios a su Hijo al mundo para condenar al mundo, sino para que el mundo sea salvo por él. El que en él cree, no es condenado; pero el que no cree, ya ha sido condenado, porque no ha creído en el nombre del unigénito Hijo de Dios.*

Ahora el precio que se debió pagar, lo pagó su Hijo:

> *Mas ahora que habéis sido libertados del pecado y hechos siervos de Dios, tenéis por vuestro fruto la santificación, y como fin, la vida eterna. Porque la paga del pecado es muerte, mas la dádiva de Dios es vida eterna en Cristo Jesús Señor nuestro* (Romanos 6:22-23).

Todo aquel que le <u>recibe</u> y le <u>obedece</u> es salvo. Veamos estas dos palabras en su infinitivo:

Recibir

> ... *Si confesares con tu boca que Jesús es el Señor, y creyeres en tu corazón que Dios le levantó de los muertos, serás salvo. Porque con el corazón se cree para justicia, pero con la boca se confiesa para salvación* (Romanos 10:9-10).

La palabra hebrea usada aquí para Señor, es *Adon*, que significa: amo y señor de nuestra vida.

Confesar al Mesías como tu salvador significa: reconocerlo como Amo y Señor de tu vida. Por lo tanto, si una persona le reconoce como su Señor, se arrepiente y le confiesa como su salvador, será salvo. Si muere en ese momento, estará con el Señor. De otra manera, después de aceptarle, le debe obediencia, si no la confesión no es válida y no hay salvación.

Obedecer

> *No todo el que me dice: Señor, Señor, entrará en el reino de los cielos, sino el que hace la voluntad de mi Padre que está en los cielos* (Mateo 7:21).

En otras palabras, no solo el que dice Señor y le confiese con su boca será salvo, sino aquel que después de confesarle le obedezca. Esto es porque hay gente que puede hacer una confesión solo de labios, sin haber entendido el verdadero significado. Entender esto es muy importante porque escrito esta:

> *Y en ningún otro hay salvación; porque no hay otro nombre bajo el cielo, dado a los hombres, en que podamos ser salvos* (Hechos 4:12).

Su nombre es original: עוּשִׁי Yeshua. Y este nombre significa: Sanidad, salvación, liberación, redención.

עוּשִׁי חִישָׁמַ Yeshua HaMashiaj (Yeshua, el Mesías).

Las Escrituras dicen que la salvación viene de los judíos, aceptemos al verdadero Mesías, nuestro salvador y seremos felices:

Nuestro salvador le dijo a la samaritana:

> *Vosotros adoráis lo que no sabéis; nosotros adoramos lo que sabemos; porque la salvación viene de los judíos* (Juan 4:22).

La salvación no viene de los romanos, ni de otra nación, viene de los judíos. Es necesario conocer al verdadero Mesías, a Yeshua de Nazaret. Judío entre los judíos, nuestro Rabí.

Al aceptar su pago y obedecerle estamos a salvo de la muerte.

> *A quien amáis sin haberle visto, en quien creyendo, aunque ahora no lo veáis, os alegráis con gozo inefable y glorioso;obteniendo el fin de vuestra fe, que es la salvación de vuestras almas* (1 Pedro 1:8-9).

No le vemos, pero si aprendemos a conocerle, le amaremos y estaremos a salvo.

> Juan 17:3 dice: *Y esta es la vida eterna: que te conozcan a ti, el único Dios verdadero, y a Jesucristo, a quien has enviado.*

De Él es la salvación y nos ha hecho partícipes de esa bendición.

> *Y clamaban a gran voz, diciendo: La salvación pertenece a nuestro Dios que está sentado en el trono, y al Cordero* (Apocalipsis 7:10).

Estas hermosas palabras del Señor hoy te las dice a ti:

> *Jesús [Yeshua] le dijo: Hoy ha venido la salvación a esta casa; por cuanto él también es hijo de Abraham. Porque el*

Hijo del Hombre vino a buscar y a salvar lo que se había perdido (Lucas 19:9-10).

Desde ahora ha venido la salvación a tu casa. Amén.

Ahora que has entendido la salvación, obedécele, sé su discípulo y no dejes de aprender.

capítulo 4

El verdadero discípulo

La palabra hebrea para discípulo es: דִימְלָת talmíd: alumno, aprendiz, aquel que imita a su maestro.

Un discípulo no es meramente uno que aprende, sino un seguidor; de ahí que se les mencione como imitadores de su maestro.

"Talmid, es alguien que aprende y se convierte en una voz del maestro durante todos los días de su vida" (Dan Hayyim).

Requisitos para ser un discípulo

Permanecer en la fuente de vida.

Juan 15:3-5 nos dice:

> *Ya vosotros estáis limpios por la palabra que os he hablado. Permaneced en mí, y yo en vosotros. Como el pámpano no puede llevar fruto por sí mismo, si no permanece en la vid, así tampoco vosotros, si no permanecéis en mí. Yo soy la*

vid, vosotros los pámpanos; el que permanece en mí, y yo en él, éste lleva mucho fruto; porque separados de mí nada podéis hacer.

La palabra *pámpano* en el griego significa: klema (κλῆμα) relacionado con klao, partir, denota una rama tierna y flexible, especialmente del sarmiento de una vid, de un vástago de vid.

Un verdadero discípulo es una persona tierna y flexible.

> Dijo entonces Jesús [Yeshua] *a los judíos que habían creído en él: Si vosotros permaneciereis en mi palabra, seréis verdaderamente mis discípulos; y conoceréis la verdad, y la verdad os hará libres* (Juan 8:31-32).

Permanecer después de la prueba, no es fácil. Sin embargo, nos ayuda a llevar fruto, el que no permanece, no echa raíz y no da fruto.

Amor mutuo

> *En esto conocerán todos que sois mis discípulos, si tuviereis amor los unos con los otros* (Juan 13:35).

El amor que demostremos los unos a los otros será de testimonio para que conozcan que somos discípulos de Yeshua.

El amor que manifestamos a nuestros hermanos la gente del mundo no lo comprende.

Aquellos que llevan fruto

> *En esto es glorificado mi Padre, en que llevéis mucho fruto, y seáis así mis discípulos* (Juan 15:8).

Cada vez que un discípulo lleva fruto, el Padre es glorificado. Glorifícalo, llevando mucho fruto en tu vida.

Aquel que es discípulo, hace discípulos, y los discípulos son una bendición.

Los discípulos de Pablo

> *Entonces vinieron unos judíos de Antioquía y de Iconio, que persuadieron a la multitud, y habiendo apedreado a Pablo, le arrastraron fuera de la ciudad, pensando que estaba muerto. <u>Pero rodeándole los discípulos</u>, se levantó y entró en la ciudad; y al día siguiente salió con Bernabé para Derbe* (Hechos 14:19-20).

Si Pablo no hubiese tenido discípulos quizá hubiera muerto, tus discípulos siempre te guardarán y te rodearán con oración para que no perezcas cuando venga la prueba.

Pablo hacía discípulos dondequiera que fuera.

Hechos 14:21-23 señala:

> *Y después de anunciar el evangelio a aquella ciudad y de hacer <u>muchos discípulos</u>, volvieron a Listra, a Iconio y a Antioquía, confirmando los ánimos de los discípulos, exhortándoles a que permaneciesen en la fe, y diciéndoles: Es necesario que a través de muchas tribulaciones entremos en el reino de Dios. Y constituyeron ancianos en cada iglesia, y habiendo orado con ayunos, los encomendaron al Señor en quien habían creído.*

Características de los discípulos

Mateo 10:24-25, indica:

> *El discípulo no es más que su maestro, ni el siervo más que su señor. Bástale al discípulo ser como su maestro, y al siervo como su señor. Si al padre de familia llamaron Beelzebú, ¿cuánto más a los de su casa?*

En este pasaje podemos observar al menos dos características muy importantes de un discípulo.

- El discípulo no es más que su maestro.
- Bástale al discípulo ser como su maestro.

Hemos escuchado la frase: "El discípulo supera al maestro", en muchos casos llega a suceder, sin embargo el nivel de autoridad del maestro siempre debe ser respetado por el alumno.

El verdadero discípulo debe negarse a sí mismo, y renunciar a todo lo que le ata.

Lucas 14:25-26-27 nos señala:

> *Grandes multitudes iban con él; y volviéndose, les dijo: Si alguno viene a mí, y no aborrece a su padre, y madre, y mujer, e hijos, y hermanos, y hermanas, y aun también su propia vida, no puede ser mi discípulo. Y el que no lleva su cruz y viene en pos de mí, no puede ser mi discípulo.*

Mucha gente le quería seguir, pero al conocer los requisitos, muchos de ellos regresaron. Yeshua les dijo que para ser su discípulo debían aborrecer a su familia. ¿Pero qué fue realmente lo que quiso decir con la palabra traducida como aborrecer?

La palabra hebrea que Yeshua usó fue: אנש sané; menospreciar, lo cual se entiende como amar menos.

Y del griego: μισέω miséo; detestar o amar menos.

Según el diccionario secular:

Aborrecer. Dicho de algunos animales, y especialmente de las aves: Dejar o abandonar el nido, los huevos o las crías. Amar menos.

Concluye diciendo: *Así, pues, cualquiera de vosotros que no renuncia a todo lo que posee, no puede ser mi discípulo* (Lucas 14:33).

¿Estás dispuesto a renunciar a todo y llevar fruto?

Porque el árbol que lleva fruto es cuidado, pero el que no, es cortado.

En Juan 15:1-2 Jesús dice:

Yo soy la vid verdadera, y mi Padre es el labrador. Todo pámpano que en mí no lleva fruto, lo quitará; y todo aquel que lleva fruto, lo limpiará, para que lleve más fruto.

capítulo

5

Por sus frutos los conocerás

Fruto: del griego καρπός karpós. Fruto. Se usa: del fruto de los árboles, de los campos, de la tierra, aquello que es producido por la energía inherente de un organismo vivo.

Del hebreo: יְרִפ Perî. Recompensa, precio, ganancias, productos, resultados.

Es muy importante que los hijos del Eterno entendamos que para Él, es de vital importancia el fruto que damos, ya que nuestro Maestro dijo que por el fruto se nos conocerá.

> Guardaos de los falsos profetas, que vienen a vosotros con vestidos de ovejas, pero por dentro son lobos rapaces. <u>Por sus frutos los conoceréis</u>. ¿Acaso se recogen uvas de los espinos, o higos de los abrojos? Así, todo buen árbol da buenos frutos, pero el árbol malo da frutos malos. No puede el buen árbol dar malos frutos, ni el árbol malo dar frutos buenos. Todo árbol que no da buen fruto, es cortado y echado en el fuego. Así que, por sus frutos los conoceréis (Mateo 7:15-20).

De hecho cuando Juan le preguntó a Yeshua si Él era el Mesías, la respuesta no fue más que mostrarle la evidencia de sus frutos.

> *Y al oír Juan, en la cárcel, los hechos de Cristo, le envió dos de sus discípulos, para preguntarle: ¿Eres tú aquel que había de venir, o esperaremos a otro? Respondiendo Jesús, les dijo: Id, y haced saber a Juan las cosas que oís y veis. Los ciegos ven, los cojos andan, los leprosos son limpiados, los sordos oyen, los muertos son resucitados, y a los pobres es anunciado el evangelio* **(Mateo 11:2-5)**.

En otras palabras mira mis frutos, recordándole que se estaban cumpliendo la Escritura de Isaías 61:1. Claramente vemos cómo el Maestro le habló de sus frutos para contestar su pregunta y disipar cualquier duda. No hay nada mejor que hable de nosotros, que nuestros frutos.

Es verdad que hay muchas religiones, muchos falsos profetas, y por eso mucha gente se confunde, pero recordemos las palabras de Yeshua, si observamos los frutos de las personas no erraremos.

> *O haced el árbol bueno, y su fruto bueno, o haced el árbol malo, y su fruto malo;* **porque por el fruto se conoce el árbol***. ¡Generación de víboras! ¿Cómo podéis hablar lo bueno, siendo malos? Porque de la abundancia del corazón habla la boca. El hombre bueno, del buen tesoro del corazón saca buenas cosas; y el hombre malo, del mal tesoro saca malas cosas. Mas yo os digo que de toda palabra ociosa que hablen los hombres, de ella darán cuenta en el día del juicio. Porque por tus palabras serás justificado, y por tus palabras serás condenado* (Mateo 12:33-37).

Así como un árbol o una planta, las personas que no dan fruto serán cortadas, pero las que dan fruto serán podadas y cuidadas para dar más.

Todo pámpano que en mí no lleva fruto, lo quitará; y todo aquel que lleva fruto, lo limpiará, para que lleve más fruto (Juan 15:2).

¿Qué te gustaría que el Eterno haga contigo?, ¿que te corte o que te limpie para que des más fruto? Sin embargo, hay gente que se dicen hijos de Dios, pero su fruto demuestra lo contrario, pues su fruto es malo.

> *Estos son manchas en vuestros ágapes, que comiendo impúdicamente con vosotros se apacientan a sí mismos; nubes sin agua, llevadas de acá para allá por los vientos; árboles otoñales, sin fruto, dos veces muertos y desarraigados* (Judas v. 12).

Árboles otoñales, del griego *fdsinoporinós* otoñal, «árboles otoñales», que no llevan fruto cuando sería de esperar que sí lo llevaran.

Son árboles que a lo lejos ves que tienen ramas y hojas, y esperas ver buen fruto en ellos, pero al observarlos de cerca te das cuenta que no llevan nada bueno en sus ramas. Así hay muchas personas que cuando las ves, notas que tienen muchas ramas, crees que son buenas personas, que alaban a Dios y que estudian y viven lo que la Biblia dice, pero muchos de ellos solo tienen ramas y hojas, pero no frutos, este tipo de árboles solo tiene un fin:

> *Y ya también el hacha está puesta a la raíz de los árboles; por tanto, todo árbol que no da buen fruto es cortado y echado en el fuego* (Mateo 3:10).

Cualquier persona será bien conocida por sus frutos, pues con lo que hacemos demostramos lo que somos.

> *Aun el muchacho es conocido por sus hechos, si su conducta fuere limpia y recta* (Proverbios 20:11).

La versión Dios habla hoy lo traduce así: *Por sus acciones se conoce si un joven se conduce con rectitud.*

Para dar fruto no se necesita nada especial. La Escritura nos enseña que una persona obediente, que se deleita en los mandamientos del Eterno, será plantada junto a corrientes de agua para que lleve fruto.

> *Será como árbol plantado junto a corrientes de aguas, que da su fruto en su tiempo, y su hoja no cae; y todo lo que hace, prosperará* (Salmos 1:3).

Cuando un árbol está bien plantado junto a corrientes de agua viva, siempre dará su fruto, lo dará naturalmente, sin más esfuerzo.

Todo hijo de Dios si es fiel donde Dios lo plantó y permanece, a su tiempo dará fruto en abundancia, su hoja no caerá y todo lo que haga prosperará. Amén.

capítulo 6

Vida nueva

Después de aceptar a Yeshua como tu salvador y de entregarle tu vida en completa obediencia, ya eres salvo, y debes saber que tienes una vida nueva.

> *De modo que si alguno está en* [el Mesías]*, nueva criatura es; las cosas viejas pasaron; he aquí todas son hechas nuevas* (2 Corintios 5:17).

Ahora Dios perdonó todos tus pecados, y el Espíritu Santo te ayudará a tener una vida diferente.

Hay muchas cosas que en tu vida estarán cambiando, mientras más aprendas de Dios.

Tu forma de hablar

Tu forma de hablar ya no será la misma. Por medio de las Escrituras conocemos que Pedro era un pescador con pocos estudios pero después de pasar tres años junto al Mesías, su forma de hablar cambió.

> *Pero él negó otra vez. Y poco después, los que estaban allí*

dijeron otra vez a Pedro: Verdaderamente tú eres de ellos; porque eres galileo, **y tu manera de hablar es semejante a la de ellos** (Marcos 14:70).

Debes cuidar lo que sale de tu boca, la Escritura dice:

Mas yo os digo que de toda palabra ociosa que hablen los hombres, de ella darán cuenta en el día del juicio. <u>Porque por tus palabras serás justificado, y por tus palabras serás condenado</u> (Mateo 12:36-37).

<u>Ninguna palabra corrompida salga de vuestra boca</u>, sino la que sea buena para la necesaria edificación, a fin de dar gracia a los oyentes (Efesios 4:29).

Tu manera de pensar

No os conforméis a este siglo, <u>sino transformaos por medio de la renovación de vuestro entendimiento</u>, para que comprobéis cuál sea la buena voluntad de Dios, agradable y perfecta (Romanos 12:2).

Al leer y estudiar la palabra de Dios, nuestra mente será renovada gradualmente, Dios quiere llenarnos de su Palabra, así que entre más aprendas de Él, más renovado serás.

Dios sabe que hacer un cambio no es fácil, pero tenemos toda su ayuda. Cuando decidiste aceptarle como salvador, su Espíritu entró en tu vida y tu mente comenzó a ser transformada. El apóstol Pablo declara:

...Mas nosotros tenemos la mente de Cristo (1 Corintios 2:16b).

Tu vida

Tu vida será completamente diferente, tal vez tus amigos se burlarán de ti y quizá hasta tu familia. Te dirán aleluya, santurrón, y cuando falles te dirán: "¿para qué vas a la iglesia si de todas maneras eres igual?", pero quiero que recuerdes lo que el Mesías de Israel dijo:

> *Bienaventurado* [bendecidos] *sois cuando por mi causa os vituperen y os persigan, y digan toda clase de mal contra vosotros, mintiendo* (Mateo 5:11).

La primera palabra de este texto varía de acuerdo a la traducción, pero en el griego es: *makários*; supremamente bendecido, dichoso, glorioso.

Y esta palabra a su vez viene del hebreo בָּרַךְ barak; que significa, entre otras cosas: Dichoso.

La palabra vituperar viene de la raíz griega: ὀνειδίζω oneidízo; difamar, atacar a, molestar, acosar: injuriar, oprobio, reconvenir, reprochar, reproche, vituperar, vituperio.

Así que si te molestan, se burlan de ti y hablan mentiras de tu persona, no te sientas triste ni desanimado, sino gózate, siéntete dichoso porque nuestro Señor dice que eres doblemente bendecido.

capítulo 7

Arrepentimiento

El arrepentimiento es lo primero que Yeshua y los apóstoles predicaron.

Desde entonces comenzó Jesús a predicar, y a decir: Arrepentíos, porque el reino de los cielos se ha acercado (Mateo 4:17).

Para entender mejor el verdadero arrepentimiento veremos primero lo que no es

Arrepentimiento:

- No es un sentimiento
- No es sentirse culpable
- No es remordimiento
- No es pedir perdón
- No es reconocer lo que hiciste mal

Esto se ha enseñado por mucho tiempo, sin embargo nada de esto es el verdadero arrepentimiento, puedes tener cualquier tipo de sentimiento, pero no es arrepentimiento.

La traducción del hebreo, del verdadero arrepentimiento es: *"Teshuvá"*.

Lo cual significa:

"CAMBIO DE VIDA"

Teshuvá no es un sentimiento, significa un cambio de vida total, un estilo de vida diferente. Una persona que permite que Jesús haga un cambio en su vida es una persona que está arrepentida. Entonces, todos los demás sentimientos, como pedir perdón o reconocer que se hizo mal, serán válidos. De lo contrario, las personas que no se arrepienten, podrán pedir perdón mil veces, pero si no hacen *teshuvá*, si no cambian su vida, seguirán iguales. Las personas que no conoce a Dios, desean cambiar, pero no pueden.

> Romanos 8:7 dice: *Por cuanto los designios de la carne son enemistad contra Dios; porque no se sujetan a la ley de Dios, ni tampoco pueden.*

Se necesita la ayuda del Espíritu Santo para hacer un cambio en nuestra vida, Él es el único que puede ayudarte, y para los que deciden que Jesús les ayude y hacen *teshuvá*, o sea, cambian su manera de vivir, hay promesas especiales:

Promesas para aquellos que tienen un genuino arrepentimiento.

1. SE BORRAN TODOS LOS PECADOS.

> *Así que, arrepentíos y convertíos, para que sean borrados vuestros pecados; para que vengan de la presencia del Señor tiempos de refrigerio* (Hechos 3:19).

Es hermoso pensar que todo lo malo quedará totalmente borrado, cuando estemos delante de su presencia se abrirá el libro de los testimonios y si hay pecado en tu vida, no podrás entrar en el Reino. La Biblia dice: *por cuanto todos pecaron, y están destituidos de la gloria de Dios* (Romanos 3:23), pero si hay *teshuvá* tus pecados serán borrados del libro y tu podrás entrar en el reino de los cielos.

2. SE OLVIDA LO PASADO POR AMOR A NOSOTROS.

Pero Dios, habiendo pasado por alto los tiempos de esta ignorancia, ahora manda a todos los hombres en todo lugar, que se arrepientan (Hechos 17:30-31).

Añade: Y nunca más me acordaré de sus pecados y transgresiones (Hebreos 10:17).

Si la primer noticia te agradó, imagínate que no solo borra tus pecados, sino que además jamás se acordará de ellos. Al ser humano le gusta recordarte lo malo que hiciste, pero Dios nos enseña a no recordar el pecado y perdonar.

3. VIDA ETERNA.

Mas el impío, si se apartare de todos sus pecados que hizo, y guardare todos mis estatutos e hiciere según el derecho y la justicia, de cierto vivirá; no morirá (Ezequiel 18:21).

Y lo más hermoso para los que hacemos *teshuvá* es que un día estaremos con Él.

capítulo 8

Fe

La fe es conocida como la segunda palabra en importancia del evangelio, de las buenas noticias.

> *Después que Juan fue encarcelado, Jesús vino a Galilea predicando el evangelio del reino de Dios diciendo: El tiempo se ha cumplido, y el reino de Dios se ha acercado; arrepentíos, y <u>creed</u> en el evangelio* (Marcos 1:14-15).

La traducción griega de la palabra creer es πιστεύω pisteúo; que significa: *tener fe*.

Así que lo que el Maestro quería enseñarnos es que tengamos fe en el evangelio. ¿Qué es fe? Algunos piensan que fe es creer.

Fe no es solo creer. El apóstol lo manifiesta en su carta:

> *Tú crees que Dios es uno; bien haces. También los demonios creen, y tiemblan* (Santiago 2:19).

Creer es un sinónimo de fe, mas no es fe, si la fe fuese creer, entonces también los demonios tendrían fe. El hechicero, el ratero, el satánico y aún los demonios creen que Dios existe, pero no le creen, no es lo mismo creer en Dios que creerle a Dios.

Fe tampoco es solo una esperanza.

Leemos en Juan 11:23-24: *Jesús le dijo: Tu hermano resucitará. Marta le dijo: Yo sé que resucitará en la resurrección, en el día postrero.*

Marta hablaba de esperanza cuando dijo: *Yo sé que resucitará en la resurrección, en el día postrero.* La esperanza apunta hacia el futuro, la fe trae lo del futuro al presente.

La fe no es solo un sentimiento, va acompañada de una convicción y una acción (ver Hebreos 11:1-40).

La palabra hebrea para fe es *emuná*, que significa: "Fe obediente".

La fe es una forma de agradar a Dios.

Hebreos 11:6 nos dice: *Pero sin fe es imposible agradar a Dios; porque es necesario que el que se acerca a Dios crea que le hay, y que es galardonador de los que le buscan.*

En otras palabras, sin <u>fe obediente</u> es imposible que agrademos a Dios.

La fe es un conducto para salvación.

Porque por gracia sois salvos por medio de la fe; y esto no de vosotros, pues es don de Dios; no por obras, para que nadie se gloríe (Efesios 2:8-9).

La fe debe estar acompañada de buenas obras (Santiago 2:14-26).

Cuando servimos a Dios demostramos que tenemos fe. A través de nuestro servicio demostramos agradecimiento y fe.

La fe es un escudo defensivo

Sobre todo, tomad el escudo de la fe, con que podáis apagar todos los dardos de fuego del maligno (Efesios 6:16).

Los dardos del enemigo comúnmente son ataques de las personas que más amamos, pero si tenemos el escudo de la fe, esos ataques no lastimarán nuestro corazón, sino golpearán en el escudo y esos dardos solo caerán al piso.

La fe es esencial en la oración

Y si alguno de vosotros tiene falta de sabiduría, pídala a Dios, el cual da a todos abundantemente y sin reproche, y le será dada. Pero pida con fe, no dudando nada; porque el que duda es semejante a la onda del mar, que es arrastrada por el viento y echada de una parte a otra (Santiago 1:5-6).

¿Cómo se activa la fe?

La fe se activa con nuestra boca, por la palabra. En hebreo es: *Dabar* = la palabra hecha vida. En Génesis 1:3 leemos: *Y dijo Dios: Sea la luz; y fue la luz.* Lo que decimos, lo que sale de nuestra boca tiene mucho poder, de hecho nuestro Señor usó la palabra para sanar.

Mateo 8:5-8, 16 señala: *Entrando Jesús en Capernaum, vino a él un centurión, rogándole, y diciendo: Señor, mi criado está postrado en casa, paralítico, gravemente atormentado. Y Jesús le dijo: Yo iré y le sanaré. Respondió el centurión y dijo: Señor, no soy digno de que entres bajo mi techo; <u>solamente di la palabra</u>, y mi criado sanará.*

Y cuando llegó la noche, trajeron a él muchos endemoniados; y <u>con la palabra</u> echó fuera a los demonios, y sanó a todos los enfermos.

La fe es probada

En 1 Pedro 1:7, leemos: *para que sometida a prueba vuestra fe, mucho más preciosa que el oro, el cual aunque perecedero se prueba con fuego, sea hallada en alabanza, gloria y honra cuando sea manifestado Jesucristo.*

En todo momento Dios prueba nuestra fe, de esa manera podemos evaluarla y esforzarnos para que sea aumentada y darle la honra a Él.

En Jueces 7:7, LBLA, nos muestra cómo Dios reduce todo un ejército de 32.000 hombres a 300 para probar la fe de su pueblo: *Entonces el Señor dijo a Gedeón: Os salvaré con los trescientos hombres que lamieron el agua y entregaré a los madianitas en tus manos. Que todos los demás del pueblo se vayan, cada uno a su casa.*

Esto nos enseña que las grandes batallas se ganan con fe, no con fuerza.

Y para que sepa toda esta asamblea que el Señor no libra ni con espada ni con lanza; porque la batalla es del Señor y El os entregará en nuestras manos (1 Samuel 17:47, LBLA).

Dios nos prueba también cuando se requiere provisión y hay escasez (ver 1 Reyes 17:8-16).

En el v. 13 se menciona: *Elías le dijo: No tengas temor; ve, haz como has dicho; <u>pero hazme a mí primero</u> de ello una pequeña torta cocida debajo de la ceniza, y tráemela; y después harás para ti y para tu hijo.*

Dios va más allá de nuestros pensamientos; podríamos pensar, ¿por qué Elías le quitó a la viuda todo lo que tenía? Pero la fe se basa en lo sobrenatural, no en lo natural. Al darle primero al siervo, Dios se agradaría de la fe de la viuda y la sustentaría para siempre.

¿Cómo se desarrolla la fe en nuestras vidas?

Las Escrituras nos dicen que se obtiene por el oír: *Así que la fe es por el oír, y el oír, por la palabra de Dios* (Romanos 10:17).

Mucha gente le pide a Dios que aumente su fe, y hasta hay coritos que se cantan pidiéndolo, lo cierto es que la fe es aumentada en la medida en que se la ejercita.

> Lucas 17:5-6: *Dijeron los apóstoles al Señor: Auméntanos la fe. Entonces el Señor dijo: Si tuvierais fe como un grano de mostaza, podríais decir a este sicómoro: Desarráigate, y plántate en el mar; y os obedecería.*

La semilla de mostaza es la semilla más pequeña de todas, pero cuando crece se convierte en un árbol muy frondoso, donde hasta las aves hacen sus nidos. El Señor nos enseña que ejercitemos la fe que se nos dio y a través de ese uso, la fe irá creciendo en nuestras vidas.

La verdadera fe obra por medio del amor

> Gálatas.5:6, *porque en Cristo Jesús ni la circuncisión vale algo, ni la incircuncisión, sino la fe que obra por el amor.*

El verdadero amor nos hace confiar y tener una fe poderosa.

Usa tu fe, pide lo que creas que es imposible y deja que Dios obre.

capítulo 9

Bautismo

En este tema veremos dos clases de bautismo en agua. Con este tema nos enfrentaremos a la verdad bíblica contra la tradición de los hombres, pero no olvidemos lo que el apóstol Pedro y los demás apóstoles dijeron:

> Es necesario obedecer a Dios antes que a los hombres (Hechos 5:29b).

El bautismo del mundo

Este tipo de bautismo se efectúa cuando una persona se incorpora a un nuevo ámbito o se estrena algo y como bienvenida lo bautizan.

Estos tres ejemplos son los más comunes.

» Novatada.

Cuando una persona se integra a un grupo deportivo, escolar o cualquier grupo social, le hacen una broma como bienvenida, sea que lo mojen o que lo pateen en fila o le den golpes en la cabeza; pero lo hacen como su bautismo, porque es nuevo.

» Al crear un nuevo barco.

Cuando un barco o bote se lo pone por primera vez en el agua, antes de ponerlo a andar, se le rompe una botella de vino o champagne y se le suele dar el nombre que llevará, con este acto queda bautizado.

» Al nacer un niño.

Pero sin duda el más común es cuando un niño nace y lo llevan a la pila, le echan un poquito de agua en la cabeza y hasta nombre le ponen.

Este tipo de bautismo no es bíblico, no proviene de Dios, en la Biblia no se encuentra, es tradición e invento de hombres.

Ahora veamos el bautismo que sí es bíblico:

Bautismo de Dios.

El bautismo que proviene de Dios lo encontramos en Marcos 1:4.

Bautizaba Juan en el desierto, y predicaba el <u>bautismo de arrepentimiento</u> para perdón de pecados.

Este bautismo es de arrepentimiento; en otras palabras, el arrepentimiento es un requisito para bautizarse.

Juan le negó el bautismo a aquellos que no habían cumplido este requisito.

Mateo 3:7-8, *Al ver él que muchos de los fariseos y de los saduceos venían a su bautismo, les decía: ¡Generación de víboras! ¿Quién os enseñó a huir de la ira venidera? Haced, pues, frutos dignos de arrepentimiento.*

Bautismo

La traducción de bautismo del hebreo es: *Teviláh,* que significa: sumersión o inmersión.

Los niños no tienen que ser bautizados, pues no pueden ni tienen de qué arrepentirse, son limpios y puros; de hecho, Yeshua dijo que de ellos es el reino de Dios.

> Mateo 19:14, *Pero Jesús dijo: Dejad a los niños venir a mí, y no se lo impidáis; porque de los tales es el reino de los cielos.*

Si decimos que los niños tienen pecado original, estamos negando el sacrificio que el Mesías hizo al morir, de hecho esta enseñanza es contraria a lo que las Escrituras dicen, cuando *El siguiente día vio Juan a Jesús que venía a él, y dijo: He aquí el Cordero de Dios, que quita el pecado del mundo* (Juan 1:29).

Por lo tanto, los niños nacen limpios y sin pecado por el sacrificio del Cordero de Dios.

Pero si queremos seguir un ejemplo de bautismo, no hay mejor ejemplo que el de Yeshua. Veamos a qué edad le bautizaron, cuándo le pusieron nombre, qué hicieron con Él cuando nació y cómo lo bautizaron.

> Después de nacer fue presentado no bautizado.

> Lucas 2:21-22, *Cumplidos los ocho días para circuncidar al niño, le pusieron por nombre JESÚS [YESHUA], el cual le había sido puesto por el ángel antes que fuese concebido. Y cuando se cumplieron los días de la purificación de ellos, conforme a la ley de Moisés, le trajeron a Jerusalén para presentarle al Señor.*

La purificación de la mujer de acuerdo a la ley de Moisés era de 40 días (Levítico 12:1-8).

> A los ocho días de nacido le pusieron nombre.

> A los 40 días de nacido lo presentaron.

Así que la presentación de un niño, de acuerdo a la Biblia, es después de la cuarentena y no a los tres años.

Fue bautizado alrededor de los 30 años. Lucas 3:21-23.

El bautismo de Jesús fue por inmersión, en el río Jordán.

El verdadero bautismo debe ser por sumersión y no por aspersión.

Ejemplo de un etíope que al oír del evangelio decide obedecer (Hechos 8:26-39).

Es impactante ver que el etíope sin conocer a Yeshua, al oír de Él decidió obedecer. Tú que sí sabes de Yeshua, desearás aún más obedecerle y tener el verdadero bautismo.

Pablo explica la importancia de ser sumergido

El bautismo es un acto simbólico de nuestra muerte y resurrección.

> Romanos 6:1-4. *¿Qué, pues, diremos? ¿Perseveraremos en el pecado para que la gracia abunde? En ninguna manera. Porque los que hemos muerto al pecado, ¿cómo viviremos aún en él?¿O no sabéis que todos los que hemos sido bautizados en Cristo Jesús, hemos sido bautizados en su muerte? Porque somos sepultados juntamente con él para muerte por el bautismo, a fin de que como Cristo resucitó de los muertos por la gloria del Padre, así también nosotros andemos en vida nueva.*

Es una manifestación pública de obediencia

> Marcos 16:15-16, *Y les dijo: Id por todo el mundo y predicad el evangelio a toda criatura. El que creyere y fuere bautizado, será salvo; mas el que no creyere, será condenado.*

Decide bautizarte y serás grandemente bendecido.

capítulo

Lenguas

El don de lenguas es una evidencia de los verdaderos hijos de Dios.

Marcos 16:17-18 declara: *Y estas señales seguirán a los que creen: En mi nombre echarán fuera demonios;* <u>*hablarán nuevas lenguas;*</u> *tomarán en las manos serpientes, y si bebieren cosa mortífera, no les hará daño; sobre los enfermos pondrán sus manos, y sanarán.*

Los apóstoles reciben el Espíritu Santo

Juan 20:22, *Y habiendo dicho esto, sopló, y les dijo: Recibid el Espíritu Santo.*

En ese momento los apóstoles recibieron el Espíritu Santo, pero aún no hablaban en lenguas, aún no habían sido bautizados en el Espíritu.

Bautismo del Espíritu Santo y primera manifestación (Hechos 2:1-15).

Ejemplos que nos muestran lo importante que es hablar en lenguas:

Discípulos

Hechos 19:1-7 relata: *Aconteció que entre tanto que Apolos estaba en Corinto, Pablo, después de recorrer las regiones superiores, vino a Éfeso, y hallando a ciertos discípulos,les dijo: ¿Recibisteis el Espíritu Santo cuando creísteis? Y ellos le dijeron: Ni siquiera hemos oído si hay Espíritu Santo. Entonces dijo: ¿En qué, pues, fuisteis bautizados? Ellos dijeron: En el bautismo de Juan. Dijo Pablo: Juan bautizó con bautismo de arrepentimiento, diciendo al pueblo que creyesen en aquel que vendría después de él, esto es, en Jesús el Cristo. Cuando oyeron esto, fueron bautizados en el nombre del Señor Jesús. Y habiéndoles impuesto Pablo las manos, vino sobre ellos el Espíritu Santo; y hablaban en lenguas, y profetizaban. Eran por todos unos doce hombres.*

El apóstol Pablo no dejaría ir a estos discípulos sin la bendición del bautismo del Espíritu Santo. Al hacerles esta pregunta, demuestra la importancia que representaba hablar lenguas para el apóstol Pablo.

Cornelio y su familia

Después de leer Hechos 10:1-47, resaltemos algunos pasajes importantes:

Cualidades de Cornelio

Hechos 10:2 dice que este hombre era: *Piadoso y temeroso de Dios con toda su casa, y que hacía muchas limosnas al pueblo, y oraba a Dios siempre.*

En esta cita bíblica vemos que Cornelio era un hombre ejemplar, lo que equivaldría hoy día a un buen cristiano. Hasta sus amigos y servidores hablaban bien de él.

Hechos 10:22, señala: *Ellos dijeron: Cornelio el centurión, varón justo y temeroso de Dios, y que tiene buen testimonio en toda la nación de los judíos, ha recibido instrucciones de un santo ángel, de hacerte venir a su casa para oír tus palabras.*

Como vemos, Cornelio era un hombre compasivo, justo, obediente, honraba a Dios con toda su casa, bendecía a otros, oraba y ayunaba y tenía buen testimonio (Hechos 10:2, 22, 30). Aparentemente todo estaba bien, pero Cornelio necesitaba algo más para estar completo. Un ángel le dijo en una visión a Cornelio que enviara por el apóstol Pedro, y aunque ni Pedro ni Cornelio sabían exactamente el motivo, podemos ver en los siguientes versículos la razón. Hechos 10:44-45, *Mientras aún hablaba Pedro estas palabras, el Espíritu Santo cayó sobre todos los que oían el discurso. Y los fieles de la circuncisión que habían venido con Pedro se quedaron atónitos de que también sobre los gentiles se derramase el don del Espíritu Santo.*

¿Cómo supieron los fieles judíos que sobre los gentiles se había derramado el Espíritu Santo? La respuesta la encontramos en el siguiente versículo:

Porque los oían que hablaban en lenguas, y que magnificaban a Dios (Hechos 10:46).

Después fueron bautizados y de esa manera Cornelio, sus amigos y familiares, fueron bendecidos.

¿Qué es el hablar en lenguas?

Analicemos estas citas del apóstol Pablo: 1 Corintios 13:1; 14:2, 4, 13-15, 18, 20-22, 37-40.

En 1 Corintios 13:1 Pablo enseña que así como hay lenguas humanas, también hay un lenguaje espiritual.

Si yo hablase lenguas humanas y angélicas, y no tengo amor, vengo a ser como metal que resuena, o címbalo que retiñe.

En el capítulo 14 el apóstol aclara que es mejor profetizar y que no es correcto hablar en lenguas si no hay un intérprete. En este capítulo Pablo habla acerca de la profecía y de las lenguas, así que en este estudio solo tomaremos las citas que nos competen y no las de la profecía.

Dos razones por las que debemos hablar en lenguas:

Porque el que habla en lenguas no habla a los hombres, sino a Dios (1 Corintios 14:2).

El que habla en lengua extraña, a sí mismo se edifica (1 Corintios 14:4a).

Al hablar en lenguas estamos hablando a Dios, es nuestro espíritu el que se comunica con Dios en un lenguaje espiritual.

Por lo cual, el que habla en lengua extraña, pida en oración poder interpretarla. Porque si yo oro en lengua desconocida, mi espíritu ora, pero mi entendimiento queda sin fruto. ¿Qué, pues? Oraré con el espíritu, pero oraré también con el entendimiento; cantaré con el espíritu, pero cantaré también con el entendimiento (1 Corintios 14:13-15).

Cuando oras en lenguas tu espíritu ora aunque no entiendas lo que dices, pero se ven grandes resultados, Pablo decía que él oraba en lenguas más que todos. (*Doy gracias a Dios que hablo en lenguas más que todos vosotros*; 1 Corintios 14:18) y podemos ver los resultados en su vida.

El apóstol Pablo nunca dijo que no se orara en lenguas en las congragaciones, sino que no se hablara en lenguas, pues eso no edificaba a los oyentes, porque nadie les entendía, sino solo Dios. Como vimos, las lenguas espirituales se usan para comunicarnos en oración con Dios y no con los hombres. Por último, Pablo recomienda que se haga todo en orden.

Así que, hermanos, procurad profetizar, y no impidáis el hablar lenguas; pero hágase todo decentemente y con orden (1 Corintios 14:39-40).

Hay poder en la oración espiritual...

capítulo 11

Oración

La oración es el palpitar mismo de un cristiano. Más que solo platicar con tu Señor, es tener una relación cercana e íntima con Él; es la expresión que brota de lo más profundo de tu corazón para comunicarte con Dios.

La palabra hebrea para oración es: *Tefilá*.

Rezar: Significa repetir o recitar algo.

No es que sea malo rezar, sin embargo decir largas repeticiones una y otra vez es algo que no tiene sentido, e incluso Yeshua lo reprobó.

> *Y orando, no uséis vanas repeticiones, como los gentiles, que piensan que por su palabrería serán oídos* (Mateo 6:7).

De nada sirve rezar diez Padrenuestros, diez avemarías, u otros rezos, tratando de obtener algo de Dios. En cambio, si le buscas a solas, en la intimidad, te aseguro que encontrarás respuestas favorables.

Cuando los discípulos le preguntaron al Maestro cómo debían orar, les dijo:

> *Mas tú, cuando ores, entra en tu aposento, y cerrada la puerta, ora a tu Padre que está en secreto; y tu Padre que ve en lo secreto te recompensará en público* (Mateo 6:6).

La oración debe ser una necesidad en nosotros, pues es lo que nos fortalece en todo momento.

> *¿Está alguno entre vosotros afligido? Haga oración. ¿Está alguno alegre? Cante alabanzas. ¿Está alguno enfermo entre vosotros? Llame a los ancianos de la iglesia, y oren por él, ungiéndole con aceite en el nombre del Señor* (Santiago 5:13-14).

A Dios le agrada cuando oramos. Para Él, las oraciones de los santos ascienden como incienso con olor fragante delante de su presencia.

> *Otro ángel vino entonces y se paró ante el altar, con un incensario de oro; y se le dio mucho incienso para añadirlo a las oraciones de todos los santos, sobre el altar de oro que estaba delante del trono. Y de la mano del ángel subió a la presencia de Dios el humo del incienso con las oraciones de los santos* (Apocalipsis 8:3-4).

Obstáculos

Hay muchas personas que preguntan por qué sus oraciones aparentemente no son escuchadas ni contestadas. Dios escucha cada una de las oraciones, pero hay obstáculos que impiden que estas sean contestadas, veamos cuáles son:

» Tratar mal a nuestra pareja

> *Vosotros, maridos, igualmente, vivid con ellas sabiamente, dando honor a la mujer como a vaso más frágil, y como a coherederas de la gracia de la vida, para que vuestras oraciones no tengan estorbo* (1 Pedro 3:7).

» La injusticia

... él oye la oración de los justos (Proverbios 15:29b).

» El rechazo a la palabra de Dios

El que aparta su oído para no oír la ley, su oración también es abominable (Proverbios 28:9).

Cinco condiciones para que tu oración sea escuchada con éxito y no sea estorbada

» Humillación

Si se humillare mi pueblo, sobre el cual mi nombre es invocado, y oraren, y buscaren mi rostro, y se convirtieren de sus malos caminos; entonces yo oiré desde los cielos, y perdonaré sus pecados, y sanaré su tierra (2 Crónicas 7:14).

» Honestidad

Entonces me invocaréis, y vendréis y oraréis a mí, y yo os oiré; y me buscaréis y me hallaréis, porque me buscaréis de todo vuestro corazón (Jeremías 29:12-13).

» Fe

Por tanto, os digo que todo lo que pidiereis orando, creed que lo recibiréis, y os vendrá (Marcos 11:24).

» Justicia

Confesaos vuestras ofensas unos a otros, y orad unos por otros, para que seáis sanados. La oración eficaz del justo puede mucho (Santiago 5:16).

» Obediencia

Y cualquiera cosa que pidiéremos la recibiremos de él, porque guardamos sus mandamientos, y hacemos las cosas que son agradables delante de él (1 Juan 3:22).

Posturas para la oración

Hay quienes pelean una postura para la oración, pero, lo cierto es que las Escrituras nos hablan de diferentes posturas para orar:

» Postrándose sobre su rostro en tierra

> Y él respondió: No; más bien yo vengo ahora como capitán del ejército del Señor. Y Josué se postró en tierra, le hizo reverencia, y dijo: ¿Qué dice mi señor a su siervo? (Josué 5:14, LBLA).

» De pie

> Después los sacerdotes y levitas, puestos en pie, bendijeron al pueblo; y la voz de ellos fue oída, y su oración llegó a la habitación de su santuario, al cielo (2 Crónicas 30:27).

Oración

» Inclinado

> *Llegaron, pues, los dos ángeles a Sodoma a la caída de la tarde; y Lot estaba sentado a la puerta de Sodoma. Y viéndolos Lot, se levantó a recibirlos, y se inclinó hacia el suelo* (Génesis 19:1).

En la oración encontrarás el poder de Dios.

capítulo

12

Ayuno

Del hebreo *tsom* y del griego *nesteuo* (νηστεύω) ayunar, afligir la carne; <u>abstenerse</u> de comer.

El único ayuno obligatorio, según la ley, era en el Día de la Expiación (Levítico 16:29, 31; Jeremías 36:6).

Se ayunaba en ocasiones especiales como penitencia nacional o para impedir una inminente calamidad (ver 1 Samuel 7:6).

En Isaías 58:1-8 encontramos el verdadero ayuno escogido por Dios, esto nos enseña que si dejamos de comer, pero no somos conforme a su corazón, de nada sirve el ayuno.

El ayuno no es para hacer huelga de hambre y así obtener algo de Dios. <u>El ayuno es para orar</u> y de esa manera facilitar el acercarnos a Dios, nos hace más sensibles a su presencia, nuestro oído se agudiza a su voz.

Un ayuno sin oración se llama "pasarla mal" y hasta puede resultar en un dolor de cabeza.

Resultados del ayuno

Cuando hay un verdadero ayuno:
- Hay humillación propia.
- Se sujeta al hombre carnal.
- Se depende totalmente de Dios.
- Hay arrepentimiento por el pecado.

Cuatro instrucciones importantes para el ayuno (Mateo 6:16-18)

» Ungir tu cabeza

Esto significa peinarse bien. (Los judíos ungían su cabeza con aceites, pero los hipócritas no lo hacían para así hacer notar que estaban ayunando.)

» Lavar tu rostro

No se lavaban ni se afeitaban, de esa manera mostraban un rostro triste para que se dieran cuenta que estaban ayunando.

» No mostrar que estás ayunando

A menos que sea necesario, solo que lo sepan tus padres o tu cónyuge.

» Hacerlo en secreto

El ayuno es para que tengas una comunicación íntima con Dios, no con los hombres.

Uno de los propósitos del ayuno es mortificar la carne

En el tiempo del ayuno hay mucho poder para romper toda clase de ataduras de la carne. (Mucha gente no podía dejar de fumar, pero ayunó tres días y la atadura desapareció.) Durante el ayuno ponemos los hábitos bajo control.

Cuatro apetitos que están presentes en todo ser humano normal:

a) Hambre. Este es el más fuerte porque si no comemos morimos.

b) Sexual. El hombre carnal solo piensa en sexo.

c) Avaricia. Deseo de poseer cosas materiales sin necesitarlas.

d) Espiritual. Es menos fuerte en el hombre natural.

Después de un ayuno los papeles se invierten:

» Antes del ayuno

HAMBRE	SEXO	AVARICIA	ESPIRITUAL

» Después

ESPIRITUAL	AVARICIA	SEXO	HAMBRE

> **El ayuno nos hace sensibles al Espíritu Santo.
> Es un ejercicio espiritual.**

capítulo 13

Obediencia

Nuestra prioridad en la escala de la obediencia es Dios.

Respondiendo Pedro y los apóstoles, dijeron: Es necesario obedecer a Dios antes que a los hombres (Hechos 5:29).

La obediencia a Dios es necesaria y primordial.

Debe ser de corazón sincero

El Señor tu Dios te manda hoy que cumplas estos estatutos y ordenanzas. Cuidarás, pues, de cumplirlos con todo tu corazón y con toda tu alma (Deuteronomio 26:16, LBLA).

De hecho, hay promesas especiales para los que son obedientes.

Miles de personas se encuentran sin estas promesas, no prosperan en nada y todo lo que hacen les sale mal. Y Dios nos da la respuesta en el libro de Josué.

Nunca se apartará de tu boca este libro de la ley, sino que de día y de noche meditarás en él, para que guardes y hagas conforme a todo lo que en él está escrito; porque entonces harás prosperar tu camino, y todo te saldrá bien (Josué 1:8).

En esta cita puedes ver que si no te apartas de leer la palabra de Dios, de meditarla de día y de noche y, sobre todo, ponerla por obra, tendrás dos grandes bendiciones:

Prosperidad en todos los aspectos.

Todo lo que hagas te saldrá bien.

Estas son dos promesas especiales que te hace el Dios viviente, el cual no miente.

Porque nos ama, sabe que si le obedecemos seremos bendecidos.

¡Quién diera que tuviesen tal corazón, que me temiesen y guardasen todos los días todos mis mandamientos, para que a ellos y a sus hijos les fuese bien para siempre! (Deuteronomio 5:29).

> Mas el que mira atentamente en la perfecta ley, la de la libertad, y persevera en ella, no siendo oidor olvidadizo, sino hacedor de la obra, éste será bienaventurado [bendecido] en lo que hace (Santiago 1:25).

En la antigüedad se acostumbraba sacrificar un animal para cubrir los pecados de la gente. El sacrificio era una de las costumbres más importantes del pueblo de Dios, sin embargo Él les enseñó que la obediencia es mejor que el sacrificio.

> Y Samuel dijo: ¿Se complace el Señor tanto en holocaustos y sacrificios como en la obediencia a la voz del Señor? He aquí, el obedecer es mejor que un sacrificio, y el prestar atención, que la grosura de los carneros (1 Samuel 15:22, LBLA).

La obediencia es tan importante que nos conduce a la vida eterna.

Obediencia

No todo el que me dice: Señor, Señor, entrará en el reino de los cielos, sino el que hace la voluntad de mi Padre que está en los cielos... (Mateo 7:21-22).

Se considera como familia de Dios al que es obediente.

Porque todo aquel que hace la voluntad de mi Padre que está en los cielos, ése es mi hermano, y hermana, y madre (Mateo 12:50).

Dios hace morada en aquel que es obediente.

Respondió Jesús y le dijo: El que me ama, mi palabra guardará; y mi Padre le amará, y vendremos a él, y haremos morada con él (Juan 14:23).

El obediente es considerado como su amigo.

Vosotros sois mis amigos, si hacéis lo que yo os mando (Juan 15:14).

Todos deseamos ser amigos de Yeshua, pero hay una condición: la obediencia.

El desobediente recibe su ira.

Nadie os engañe con palabras vanas, porque por estas cosas viene la ira de Dios sobre los hijos de desobediencia (Efesios 5:6).

El principio de la autoridad del hombre es la obediencia, aquel que sabe obedecer ejercerá con justicia su autoridad.

Las Escrituras nos enseñan que los sumisos, los humildes heredarán la tierra.

Pero los mansos heredarán la tierra, y se recrearán con abundancia de paz (Salmos 37:11).

La raíz de la palabra *manso* viene del hebreo עָנָה aná, que significa: sumiso, humilde, obediente.

Dios puso autoridades en nuestra vida, para aprender sumisión, a los cuales si obedecemos, estamos honrando Su nombre.

La obediencia a los padres

La Escritura enseña que obedecer a nuestros padres es justo y agradable para Él.

Efesios 6:1, *Hijos, obedeced en el Señor a vuestros padres, porque esto es justo.*

Colosenses 3:20, *Hijos, obedeced a vuestros padres en todo, porque esto agrada al Señor.*

Consejos de sabiduría:

Oye, hijo mío, la instrucción de tu padre, y no desprecies la dirección de tu madre (Proverbios 1:8).

Guarda, hijo mío, el mandamiento de tu padre, y no dejes la enseñanza de tu madre (Proverbios 6:20).

La autoridad espiritual

A tus líderes espirituales (Romanos 13:1-8).

1 Pedro 5:5, *Igualmente, jóvenes, estad sujetos a los ancianos; y todos, sumisos unos a otros, revestíos de humildad; porque: Dios resiste a los soberbios, y da gracia a los humildes.*

Un anciano era un miembro del sanedrín, los ancianos equivalen al consejo de la congregación.

Los pastores y líderes velan por las almas de los miembros, y cada uno de ellos dará cuenta de sus ovejas.

> *Obedeced a vuestros pastores, y sujetaos a ellos; porque ellos velan por vuestras almas, como quienes han de dar cuenta; para que lo hagan con alegría, y no quejándose, porque esto no os es provechoso* (Hebreos 13:17).

Al gobierno

Así como hay leyes espirituales y las obedecemos por amor a Dios, debemos obedecer las leyes terrenales, porque eso nos trae paz y agrada a nuestro Señor.

Observemos el consejo del apóstol Pablo a Timoteo:

> *Recuérdales que se sujeten a los gobernantes y autoridades, que obedezcan, que estén dispuestos a toda buena obra* (Tito 3:1).

El apóstol Pedro también lo comentó en su epístola

> *Por causa del Señor someteos a toda institución humana, ya sea al rey, como a superior, ya a los gobernadores, como por él enviados para castigo de los malhechores y alabanza de los que hacen bien. Porque esta es la voluntad de Dios: que haciendo bien, hagáis callar la ignorancia de los hombres insensatos* (1 Pedro 2:13-15).

Obedece y tendrás paz. Shalom

capítulo 14

Autoridad espiritual

Autoridad viene de la palabra hebrea תֹּקֶף tóquef, que significa: poder, fuerza, autoridad.

Por lo que autoridad es: Dominio, imperio, poder, potestad, reino / persona revestida de algún poder, mandato o magistratura.

> Mateo 7:28-29, *Y cuando terminó Jesús estas palabras, la gente se admiraba de su doctrina; porque les enseñaba como quien tiene autoridad, y no como los escribas.*

Nuestro Señor ensenaba con fuerza, con seguridad, y eso causaba la admiración de la gente.

A Él se le entregó toda autoridad en los cielos y en la tierra.

> *Y Jesús se acercó y les habló diciendo: Toda potestad me es dada en el cielo y en la tierra* (Mateo 28:18).

Sin embargo, entregó toda autoridad a su pueblo.

> *Y sometió todas las cosas bajo sus pies, y lo dio por cabeza sobre todas las cosas a la iglesia* (Efesios 1:22).

No todos entendemos el nivel de autoridad que se nos delegó. Es importante conocer la posición de autoridad tan tremenda que tenemos, ya que si lo entendemos, podremos desarrollarla y será de bendición para nuestra vida y para los que nos rodean. Veamos citas bíblicas impactantes para conocer el nivel de autoridad que tenemos.

Primero veamos la posición de autoridad en que se encuentra nuestro Señor: Está sentado en lugares celestiales.

> *La cual operó en Cristo, resucitándole de los muertos y sentándole a su diestra en los lugares celestiales* (Efesios 1:20).

Cuando dice que está sentado, no se refiere al acto de sentarse a descansar en un reclinable, sino a la posición de autoridad que posee.

Ahora Yeshua está sentado en lugares celestiales, veamos dónde estamos nosotros como su pueblo:

> *Y juntamente con él nos resucitó, y asimismo nos hizo sentar en los lugares celestiales con Cristo Jesús* (Efesios 2:6).

Nosotros estamos sentados juntamente con Cristo en los lugares celestiales. ¡Qué privilegio!

En otras palabras, nos colocó en la posición de autoridad en la que Él está.

¿Y sobre quién o qué tenemos tal autoridad?

> *Sobre todo principado y autoridad y poder y señorío, y sobre todo nombre que se nombra, no sólo en este siglo, sino también en el venidero* (Efesios 1:21).

No nos dio cualquier autoridad. Como su pueblo, estamos, en una posición de autoridad privilegiada.

Sin embargo, para poder tener autoridad hay un principio

muy importante que no debemos olvidar: Se debe estar bajo autoridad.

> Un capitán del ejército romano vino a Yeshua y le dijo: *Porque también yo soy hombre bajo autoridad, y tengo bajo mis órdenes soldados; y digo a éste: Ve, y va; y al otro: Ven, y viene; y a mi siervo: Haz esto, y lo hace* (Mateo 8:9).

Notemos que el capitán no llegó diciendo qué clase de autoridad tenía, sino que lo primero que dijo fue: "<u>soy hombre bajo autoridad</u>".

Creo firmemente que estas palabras agradaron al Maestro, el ver que era un hombre que entendía la autoridad, no lo hubiese sorprendido diciendo, "yo soy capitán y tengo autoridad, sé mandar y me obedecen, sino: "<u>soy hombre bajo autoridad</u>", por eso tengo autoridad.

Nadie puede tener autoridad, si no se somete a una autoridad.

> *Sométase toda persona a las autoridades superiores; porque no hay autoridad sino de parte de Dios, y las que hay, por Dios han sido establecidas* (Romanos 13:1).

Así, un siervo de Dios debe estar sujeto a su autoridad espiritual.

> *Obedeced a vuestros pastores, y sujetaos a ellos; porque ellos velan por vuestras almas, como quienes han de dar cuenta; para que lo hagan con alegría, y no quejándose, porque esto no os es provechoso* (Hebreos 13:17).

> *Acordaos de vuestros pastores, que os hablaron la palabra de Dios; considerad cuál haya sido el resultado de su conducta, e imitad su fe* (Hebreos 13:7).

Un buen siervo de Dios debe tener al menos cuatro tipos de cobertura: apostólica, profética, pastoral y de oración.

1. Cobertura profética

Sin profecía el pueblo se desenfrena; mas el que guarda la ley es bienaventurado (Proverbios 29:18).

La palabra profecía en esta cita es: חָזוֹן kjazón; de vista, sueño, revelación, visión.

De hecho, en la NVI se traduce así: *Donde no hay visión, el pueblo se extravía.*

El hombre necesita la guía divina, necesita profecía, necesita visión.

2. Cobertura apostólica

Hechos 2:42 dice: *Y perseveraban en la doctrina de los apóstoles, en la comunión unos con otros, en el partimiento del pan y en las oraciones.*

El apóstol planta, afirma; y establece doctrina.

3. Cobertura pastoral

Como ya vimos, el pastor vela por sus ovejas, las cuida y las alimenta; es para nosotros como un padre espiritual terrenal (ver Hebreos 13:7, 17).

4. Cobertura de oración

… orad unos por otros, para que seáis sanados. La oración eficaz del justo puede mucho (Santiago 5:16b).

Y como todo soldado con autoridad debemos tener puesta nuestra armadura para salir a la batalla.

LA ARMADURA ESPIRITUAL

Efesios 6:10-20.

La armadura debería ser la vestimenta diaria de los hijos de Dios, y la forma de colocarse la armadura de Dios es a través de nuestras acciones, no solo orando, sino haciendo lo que Dios nos pide.

La armadura se compone de:

El cinturón de la verdad.

Ceñidos vuestro lomos con la verdad (v. 14a).

Para ser dignos de este cinturón debemos hablar verdad.

Por lo cual, desechando la mentira, hablad verdad cada uno con su prójimo; porque somos miembros los unos de los otros (Efesios 4:25).

La coraza de justicia

Vestidos con la coraza de justicia (v. 14b).

Esta coraza aparece cuando hacemos justicia y somos justos con los demás. *El justo es librado de la tribulación; mas el impío entra en lugar suyo* (Proverbios 11:8).

Toda injusticia es pecado (1 Juan 5:17a).

El calzado del evangelio

y calzados los pies con el apresto del evangelio de la paz (v. 15).

La única manera de colocarnos este calzado es predicando el evangelio.

Y les dijo: Id por todo el mundo y predicad el evangelio a toda criatura (Marcos 16:15).

El escudo de la fe

Sobre todo, tomad el escudo de la fe, con que podáis apagar todos los dardos de fuego del maligno (v. 16).

Este escudo es muy importante porque el enemigo constantemente nos lanza dardos de fuego para herir nuestro corazón, y la herramienta que usa para lanzar esos dardos, normalmente son aquellas personas que están más cerca de nosotros. Pero al tener el escudo de la fe, cualquier dardo topará contra él y caerá, no llegará a dañar nuestro corazón. Así que, soportemos toda ofensa, pues el perfecto amor *todo lo sufre, todo lo cree, todo lo espera, todo lo soporta* (1 Corintios 13:7). El escudo también nos ayudará a soportar toda tentación.

Dichoso el que resiste la tentación porque, al salir aprobado, recibirá la corona de la vida, que Dios ha prometido a los que lo aman (Santiago 1:12, NVI).

El yelmo de la salvación

Y tomad el yelmo de la salvación (v. 17a).

El yelmo es el casco de protección para nuestra cabeza, pues nuestra mente es un campo de batalla, donde luchamos en contra de nuestros pensamientos. Sin embargo, no podemos evitar que esos ataques, malos pensamientos, etc. lleguen a nuestra mente, pero sí podemos evitar en el nombre de *Yeshua* que bajen a nuestro corazón.

La espada del Espíritu Santo.

Y la espada del Espíritu, que es la palabra de Dios (v. 17b).

Yeshua utilizó esta arma en contra del adversario.

Nuestro Señor luchó contra el enemigo con la Palabra diciendo tres veces: Escrito está.

> Él *respondió y dijo:* **Escrito está***: No sólo de pan vivirá el hombre, sino de toda palabra que sale de la boca de Dios. Entonces el diablo le llevó a la santa ciudad, y le puso sobre el pináculo del templo, y le dijo: Si eres Hijo de Dios, échate abajo;* <u>*porque escrito está*</u>*: A sus ángeles mandará acerca de ti, y, en sus manos te sostendrán, para que no tropieces con tu pie en piedra. Jesús le dijo:* **Escrito está** *también: No tentarás al Señor tu Dios. Otra vez le llevó el diablo a un monte muy alto, y le mostró todos los reinos del mundo y la gloria de ellos, y le dijo: Todo esto te daré, si postrado me adorares. Entonces Jesús le dijo: Vete, Satanás, porque* **escrito está***: Al Señor tu Dios adorarás, y a él sólo servirás* (Mateo 4:4-10).

Yeshua citó las Escrituras, utilizándola como un arma en contra del adversario. La primera cita que utilizó está en el libro de Deuteronomio 8:3, la segunda en Deuteronomio 6:16, y la tercera Deuteronomio 6:13.

Pero vemos como después de que nuestro Maestro utilizó el arma poderosa en contra de Satán, el enemigo también quiso usar la palabra en contra del Maestro utilizando también la Escritura diciendo: *"Escrito está";* la cita que utilizó fue Salmos 91:11-12.

Aunque el enemigo quiso usar la espada en contra del Maestro, esta no tuvo efecto, pues, *escrito está:*

> *Espinas hincadas en mano del embriagado, tal es el proverbio en la boca de los necios* (Proverbios 26:9).

Así que en la boca del justo la palabra es como una espada, pero en la boca de los malvados solo es un arma en su contra.

capítulo

15

Prosperidad

Lucas 18:18-23 señala: *Un hombre principal le preguntó, diciendo: Maestro bueno, ¿qué haré para heredar la vida eterna? Jesús le dijo: ¿Por qué me llamas bueno? Ninguno hay bueno, sino sólo Dios. Los mandamientos sabes: No adulterarás; no matarás; no hurtarás; no dirás falso testimonio; honra a tu padre y a tu madre. Él dijo: Todo esto lo he guardado desde mi juventud. Jesús, oyendo esto, le dijo: Aún te falta una cosa: vende todo lo que tienes, y dalo a los pobres, y tendrás tesoro en el cielo; y ven, sígueme.*

En esta cita Yeshua contesta una de las preguntas que muchísimos se hacen: ¿Cómo heredar la vida eterna? La respuesta del Maestro nos enseña que es a través de la obediencia, pero en esta cita nos enseña algo más. El principal le contestó que era un hombre obediente en todas las cosas que el Maestro le dijo, pero le faltaba algo muy especial y era DAR. El principal era obediente pero tenía amor por el dinero, no quería dar. Ese es también el problema de mucha gente, para entrar en su Reino, no solo es aceptar a Jesús en su corazón, sino obedecerle en todo y tener un corazón generoso. Dios no quiere gente mezquina y tacaña en su Reino, quiere gente generosa no aferrada a sus posesiones.

Dios quiere prosperarnos, pero para eso tenemos que ser canales de bendición.

La prosperidad es una promesa de Dios.

Proverbios 3:9-10, LBLA, declara:

Honra al Señor con tus bienes y con las primicias de todos tus frutos (v. 9).

Entonces tus graneros se llenarán con abundancia y tus lagares rebosarán de mosto (v. 10).

Pero si quieres que esta promesa sea efectiva en tu vida, debes obedecer el v. 9, y entonces el v. 10 se cumplirá en tu vida.

Veamos cuatro maneras en las que podemos prosperar:

1. Al poner por obra la Palabra de Dios.

Dios bendice al obediente y prospera en todo a aquel que pone por obra su Palabra.

Guardaréis, pues, las palabras de este pacto, y las pondréis por obra, para que prosperéis en todo lo que hiciereis (Deuteronomio 29:9).

Entonces serás prosperado, si cuidares de poner por obra los estatutos y decretos que el Señor mandó a Moisés para Israel. Esfuérzate, pues, y cobra ánimo; no temas, ni desmayes (1 Crónicas 22:13).

2. El hombre que da es bendecido.

Dad, y se os dará; medida buena, apretada, remecida y rebosando darán en vuestro regazo; porque con la misma medida con que medís, os volverán a medir (Lucas 6:38).

Dios nos enseña la bendición de dar, y no dar cualquier cosa, sino como dice: "medida buena, apretada". En otras palabras, a Dios le gusta que demos con generosidad, y entonces veremos la bendición en nuestra vida.

3. Lo que se recibe consiste en la medida en que se da.

No os engañéis; Dios no puede ser burlado: pues todo lo que el hombre sembrare, eso también segará (Gálatas 6:7).

Pero esto digo: El que siembra escasamente, también segará escasamente; y el que siembra generosamente, generosamente también segará (2 Corintios 9:6).

Alguien dijo:
"La condición económica que tienes en este momento es consecuencia de lo que sembraste en el pasado, y la condición económica que tendrás en el futuro, será consecuencia de lo que tengas en el presente".

4. No cerrando la mano al necesitado

Si hay un menesteroso contigo, uno de tus hermanos, en cualquiera de tus ciudades en la tierra que el Señor tu Dios te da, no endurecerás tu corazón, ni cerrarás tu mano a tu hermano pobre, sino que le abrirás libremente tu mano, y con generosidad le prestarás lo que le haga falta para cubrir sus necesidades. Cuídate de que no haya pensamiento

> *perverso en tu corazón, diciendo: "El séptimo año, el año de remisión, está cerca", y mires con malos ojos a tu hermano pobre, y no le des nada; porque él podrá clamar al Señor contra ti, y esto te será pecado. Con generosidad le darás, <u>y no te dolerá el corazón cuando le des, ya que el Señor tu Dios te bendecirá por esto en todo tu trabajo y en todo lo que emprendas</u>. Porque nunca faltarán pobres en tu tierra; por eso te ordeno, diciendo: "Con liberalidad abrirás tu mano a tu hermano, al necesitado y al pobre en tu tierra"* (Deuteronomio 15:7-11, LBLA).

Al que cierra su mano al necesitado, se le contará como pecado.

Cuando podamos debemos ayudar al que lo necesite, no siendo tacaños, sino dando con generosidad.

Pero para ser realmente bendecidos, Dios nos pide que demos con alegría y no por necesidad.

"No damos por necesidad, damos para que no haya necesidad".

> *Cada uno dé como propuso en su corazón: no con tristeza, ni por necesidad, porque Dios ama al dador alegre* (2 Corintios 9:7).

A continuación mencionaremos qué es la ofrenda, los diezmos y las primicias, y la bendición que estos nos traen.

LA OFRENDA

La ofrenda es algo que se otorga de lo que Dios nos da, es algo que damos de corazón, ya sea a la congragación o alguna persona necesitada.

La ofrenda no es una cuota fija y se da de acuerdo como

la queremos dar, de acuerdo a lo que hemos dispuesto en nuestro corazón.

Cada uno dé:

Al ministro

El que es enseñado en la palabra, haga partícipe de toda cosa buena al que lo instruye (Gálatas 6:6).

La ofrenda no es solo dinero, sino, como bien dice, de toda cosa buena, debemos dar al que nos instruye en la Palabra. Eso agrada a Dios.

A los pobres

El que se apiada del pobre presta al Señor, y Él lo recompensará por su buena obra (Proverbios 19:17, LBLA).

Cuando damos ayuda al necesitado, el Señor lo toma como préstamo y te aseguro que Dios paga buenos intereses, pero debemos tomar en cuenta que por naturaleza el que siembra, escoge buena tierra. No siembres en alguien que es pobre por ser perezoso, no le des a alguien que sabes que no lo aprovechará, dale a aquel que no puede trabajar, porque tiene limitaciones físicas y no tiene ayuda, a aquel que en realidad lo necesita. Si siembras en buena tierra, cosecharás al ciento por uno. Pues escrito está:

Y el que da semilla al que siembra, y pan al que come, proveerá y multiplicará vuestra sementera, y aumentará los frutos de vuestra justicia (2 Corintios 9:10).

Y éstos son los que fueron sembrados en <u>buena tierra</u>: los que oyen la palabra y la reciben, y dan fruto a treinta, a sesenta, y a ciento por uno (Marcos 4:20).

Hay gente que da, pero solo le da al que sabe que algún día también le dará o le ayudará cuando lo necesite; en otras palabras, le da al que le puede regresar el favor.

Hay quienes dicen que dan, sin esperar nada a cambio, pero en realidad muchas veces cuando damos esperamos algo a cambio. No debemos esperar nada de la persona a quien le damos, pero no es cierto que no esperemos nada a cambio, todos esperamos la bendición de Dios en nuestra vida. La Palabra nos instruye que cuando le demos a alguien que no nos puede regresar el favor, por ser sin ningún interés, el Rey de gloria nos bendecirá.

> *Y si hacéis bien a los que os hacen bien, ¿qué mérito tenéis? Porque también los pecadores hacen lo mismo. Y si prestáis a aquellos de quienes esperáis recibir, ¿qué mérito tenéis? Porque también los pecadores prestan a los pecadores, para recibir otro tanto. Amad, pues, a vuestros enemigos, y haced bien, y prestad, no esperando de ello nada; y será vuestro galardón grande, y seréis hijos del Altísimo; porque él es benigno para con los ingratos y malo* (Lucas 6:33-35).

EL DIEZMO

El diezmo, a diferencia de la ofrenda, es algo que no nos pertenece, Dios nos enseña que de todo lo que recibamos separemos para Él, el diez por ciento. Ese diez por ciento es de Dios, a Él le pertenece y no a nosotros. Por lo tanto, no podemos disponer o hacer lo que queramos con él, no podemos tomar decisiones sobre ese porcentaje tomándolo para otro motivo, pues a Dios pertenece y su instrucción es: traerlo al alfolí.

- **Es un mandamiento.**

El diezmo de todo producto del campo, ya sea grano de los sembrados o fruto de los árboles, pertenece al Señor, pues le está consagrado (Levítico 27:30, NVI).

Muchos no somos dueños o trabajamos en el campo, por lo tanto esto aplica al salario o a todo lo que se reciba, de ello se debe separar el diez por ciento, porque es sagrado para Dios.

Bendiciones al dar el diezmo

- **Nos trae bendición.**

Traigan íntegro el diezmo para los fondos del templo, así habrá alimento en mi casa. Pruébenme en esto —dice el Señor Todopoderoso—, y vean si no abro las compuertas del cielo y derramo sobre ustedes bendición hasta que sobreabunde (Malaquías 3:10, NVI).

La palabra hebrea para alfolí es: רָצוֹא otsár; depósito: alfolí, almacén, bodega, granero, tesorería, tesorero, tesoro.

La palabra de Dios nos enseña a traer íntegro el diezmo al alfolí, pues debes diezmar en donde te estás alimentando espiritualmente y de esa manera serás bendecido.

Nota que la Escritura no dice: hasta que abunde, sino: "hasta que sobreabunde". Dios quiere bendecirte y desea que seas un conducto de bendición.

Cuando diezmamos no solo Dios nos bendecirá con dinero.

- **El fruto de nuestro trabajo es protegido.**

Exterminaré a la langosta, para que no arruine sus cultivos y las vides en los campos no pierdan su fruto —dice el Señor Todopoderoso (Malaquías 3:11, NVI).

La palabra langosta en el vocablo hebreo es לְכָא akál. Y significa: consumidor, o devorador (como lo traduce la versión Reina Valera).

La langosta es aquello que consume y devora nuestro dinero y todo aquello que tenemos; pero si diezmamos, todas nuestras pertenencias estarán aseguradas y todo lo que hagamos dará fruto en abundancia.

¿Tienes langostas en tu vida? ¿Tu dinero se consume sin que te des cuenta? ¿Tus pertenencias se pierden y desaparecen?

Diezma, y el Dios Todopoderoso te protegerá, Él es tu mejor seguro y cobertura.

- **Seremos ejemplo.**

Entonces todas las naciones los llamarán a ustedes dichosos, porque ustedes tendrán una nación encantadora – dice el Señor Todopoderoso – (Malaquías 3:12).

Nota todas las promesas que el Dios vivo y Todopoderoso nos hace a todos aquellos que somos fieles y diezmamos. Ahora prueba a ese Dios maravilloso, da tus diezmos íntegramente en la congregación donde recibes alimento espiritual y déjate bendecir.

capítulo 16

Alabanza y adoración

La alabanza es una expresión de alegría y gratitud hacia Dios por sus bondades y por todo lo que Él hace por nosotros.

Una de las palabras que se traducen desde el hebreo como alabanza es Halal הָלַל: «alabar, celebrar, glorificar, cantar, alardear».

La adoración es la forma más elevada de nuestra alabanza a Dios, le adoramos no solo por lo que Él ha hecho en nosotros, sino por lo que Él es, expresando nuestro amor y admiración sincera por su naturaleza y divinidad.

La palabra que se traduce desde el hebreo como adoración a Dios es: Shakjá שָׁחָה postrarse, arrodillarse, encorvar.

Veamos de dónde proviene la alabanza y cómo es que fue creada:

ORIGEN DE LA MELODÍA

Dios creó a Lucifer con el propósito de que él fuera el director de alabanza en el reino de los cielos, así que cuando lo creó, los instrumentos ya estaban preparados para él.

> En Edén, en el huerto de Dios estuviste; de toda piedra preciosa era tu vestidura; de cornerina, topacio, jaspe, crisólito, berilo y ónice; de zafiro, carbunclo, esmeralda y oro; los primores de tus tamboriles y flautas estuvieron preparados para ti en el día de tu creación (Ezequiel 28:13).

Dios creó un ser muy hermoso y perfecto para que le alabara y fuera como un director de alabanza celestial, pero lamentablemente cayó en orgullo, pecó.

Caída de Lucifer

> A causa de la multitud de tus contrataciones fuiste lleno de iniquidad, y pecaste; por lo que yo te eché del monte de Dios, y te arrojé de entre las piedras del fuego, oh querubín protector (Ezequiel 28:16).

Lucifer deseaba ser igual a Dios para que también a él lo alabaran.

> Sobre las alturas de las nubes subiré, y seré semejante al Altísimo (Isaías 14:14).

Hoy día los mormones tienen el mismo pensamiento, ellos dicen que llegarán a ser semejantes a Dios y que algún día gobernarán como dioses en un planeta.

Por un pensamiento así Lucifer fue desterrado del cielo y junto con él, su música.

> Descendió al Seol tu soberbia, y el sonido de tus arpas; gusanos serán tu cama, y gusanos te cubrirán (Isaías 14:11).

Sin embargo, después de ser desterrado no cesó su deseo

de ser adorado. En la última tentación que el enemigo le hizo al Maestro le expresó este deseo.

> *Y le dijo: Todo esto te daré, si postrado me adorares* (Mateo 4:9).

Satanás deseaba que Yeshua le adorara, y de esa manera ganar la adoración del ser humano, pero no pudo, así que trata de influir en el mundo con su música de gusanos, para así ganar el corazón del hombre.

El enemigo utiliza la desviación del hombre en su contra y de esa manera toma provecho para así influenciar por medio de la música.

El hombre se hace instrumentos como los de David

En las Escrituras observamos al hombre inventar instrumentos musicales como los de David, pero esta vez para su propio deleite y no para alabar al Dios de Israel.

> *Gorjean al son de la flauta, e inventan instrumentos musicales, como David; beben vino en tazones, y se ungen con los ungüentos más preciosos; y no se afligen por el quebrantamiento de José. Por tanto, ahora irán a la cabeza de los que van a cautividad, y se acercará el duelo de los que se entregan a los placeres* (Amós 6:5-7).

El hombre comenzó a alabar a la creación y no al Creador. En algún momento el ser humano le cantó a todo lo creado y dejó de cantarle al Creador. Tal vez comenzó cantándole a las flores a los campos, después a los animales, como a los caballos, después al vino, a la mujer; en fin, a todo lo creado, olvidándose así del Creador de todo cuanto existe, quien es el único que merece nuestro canto y adoración.

Sin embargo, después de la caída de Lucifer, Dios escogió a su pueblo para alabarle pero su pueblo no escuchó.

> *"Porque como el cinturón se adhiere a la cintura del hombre, así hice adherirse a mí a toda la casa de Israel y a toda la casa de Judá" —declara el Señor— "a fin de que fueran para mí por pueblo, por renombre, por alabanza y por gloria, pero no escucharon"* (Jeremías 13:11, LBLA).

Ahora los hijos de Dios ocupamos ese cargo maravilloso, es por eso que el enemigo no nos quiere.

Dios te ha escogido para alabarle, escúchale, cántale y adórale solo a Él. Adórale en espíritu y verdad.

Hay una gran diferencia en el ser humano cuando le canta a la creación en lugar de cantarle al Creador.

Observemos la actitud de los que le cantan al mundo, a la creación y los que le cantan al Creador, al Dios de Israel.

El apóstol Pablo escribió:

> *Porque los que son de la carne piensan en las cosas de la carne; pero los que son del Espíritu, en las cosas del Espíritu. Porque el ocuparse de la carne es muerte, pero el ocuparse del Espíritu es vida y paz* (Romanos 8:5-6).

IMPORTANCIA DE LA ALABANZA

La alabanza sana

> *Y Saúl envió a decir a Isaí: Yo te ruego que esté David conmigo, pues ha hallado gracia en mis ojos. Y cuando el espíritu malo de parte de Dios venía sobre Saúl, David tomaba el arpa y tocaba con su mano; y Saúl tenía alivio y estaba mejor, y el espíritu malo se apartaba de él* (1 Samuel 16:22-23).

El enemigo de nuestra alma no puede estar donde hay alabanzas al Dios de la creación. Cuando le alabas, cuando pones canciones de alabanzas a Dios, el enemigo se aparta de ti, Dios te hace libre de toda enfermedad, de toda dolencia y de toda ansiedad, de toda depresión y opresión, Él te da su paz y te hace sentir mejor.

Por lo tanto, no dejes de alabarle, pon música de alabanzas en tu casa, en tu auto, donde puedas, y alábalo, no dejes de alabarle.

La alabanza libera

> *Y cuando comenzaron a entonar cantos de alabanza, el Señor puso contra los hijos de Amón, de Moab y del monte de Seir, las emboscadas de ellos mismos que venían contra Judá, y se mataron los unos a los otros* (2 Crónicas 20:22).

Cada vez que alabamos a Dios se desata una guerra espiritual que nuestros ojos naturales no perciben. En estas citas aprendemos cómo Dios liberó a su pueblo, ganaron la batalla con alabanza, sin espada y sin flecha, solo alabando su bendito nombre.

No importa que tan difícil creas que es lo que estás pasando, si le alabas, Él pelea tu batalla.

¿Por qué el enemigo huye cuando alabamos a Dios?

> *Y cada golpe de la vara justiciera que asiente el Señor sobre él, será con panderos y con arpas; y en batalla tumultuosa peleará contra ellos* (Isaías 30:32).

Esta es la razón por la que el enemigo no puede estar donde hay alabanza, porque cada vez que se toca un instrumento para alabar a Dios, son golpes que el enemigo recibe.

Así que golpea tu enfermedad y toda circunstancia adversa con tu alabanza al Dios Todopoderoso.

¿Por qué levantar las manos cuando alabas o adoras a Dios?

Y sucedía que cuando alzaba Moisés su mano, Israel prevalecía; mas cuando él bajaba su mano, prevalecía Amalec (Éxodo 17:11).

Al levantar nuestras manos para adorar a Dios se desata una batalla en el área espiritual. Levantar nuestras manos es un acto simbólico de victoria. Dios nos da la victoria sobre todo lo que trate de amedrentarnos.

¿Por qué aplaudir?

En siguiente texto podemos ver que al aplaudir exteriorizamos nuestra gratitud y nuestro gozo.

Cantad alegres al Señor, toda la tierra; levantad la voz, y aplaudid, y cantad salmos (Salmos 98:4).

Al aplaudir hacemos un sonido melodioso, lo mismo sucede con el pandero, con lo cual golpeamos al enemigo de nuestra alma.

Bendito sea el Señor, mi roca, que adiestra mis manos para la guerra, y mis dedos para la batalla (Salmos 144:1, LBLA).

Aplaudan, pueblos todos; aclamen a Dios con gritos de alegría (Salmos 47:1, NVI).

La mejor manera de ganar la guerra es alabando al Altísimo, pues al alabarle, peleará por nosotros.

¿Por qué danzar?

Y María la profetisa, hermana de Aarón, tomó un pandero en su mano, y todas las mujeres salieron en pos de ella con panderos y danzas (Éxodo 15:20).

Dios había hecho que su pueblo atravesara el mar, destruyó a sus opresores y les dio la victoria, por lo tanto el pueblo se sentía gozoso y agradecido. En momentos así, hay tanto júbilo que aquel que está agradecido lo expresa cantando y danzado para Él, como lo hizo su pueblo en esa oportunidad.

Los salmos nos enseñan cómo alabar a Dios

Salmos 150:4 proclama: *Alabadle con pandero y danza; alabadle con cuerdas y flautas.*

En el Nuevo Testamento vemos una manifestación poderosa de gozo.

Y saltando, se puso en pie y anduvo; y entró con ellos en el templo, andando, y saltando, y alabando a Dios (Hechos 3:8).

Este hombre después de haber sido sanado entró en el templo caminando, saltando y alabando a Dios; en otras palabras, entró danzando. En esos momentos era la hora de la oración, pero quizá cuando esta persona entró, había alabanza, y eso le dio la libertad para entrar danzando, danzó de gozo por haber sido sanado. ¡Cuántos de nosotros hemos sido sanados por nuestro Señor! Entonces, dancemos de gozo, dancemos de júbilo, pues Él nos ha sanado, sanó nuestro cuerpo y sanó nuestro espíritu. ¡Aleluya!

La danza es una humillación propia y se le brinda solo a Dios

Mientras David y todo el pueblo de Israel danzaban ante el Señor con gran entusiasmo y cantaban al son de arpas, liras, panderetas, sistros y címbalos (2 Samuel 6:5, NVI).

La razón por la que David danzaba lleno de júbilo, era porque llevaba el arca del pacto, que representaba la presencia de Dios. Hoy día nosotros llevamos esa misma presencia dentro de nosotros, Dios ya no habita en templos hechos por manos de hombres, el arca, su habitación ahora somos nosotros mismos. Y si David danzó de gozo solo por llevar esa presencia a su lado, ¿cuánto más nosotros danzaremos por llevarla dentro en nuestra vida?

Alábale, danza, canta y gózate en la presencia de Dios.

Porque el gozo del Señor es tu fuerza.

capítulo 17

Idolatría

¿Qué es idolatría?

Del hebreo *Avodah Zaráh*:

Zaráh = idolatría. *Avodah* = Servicio = adoración.

Del griego *Eidolón* = ídolo, *Latreía* = servicio.

La idolatría es la entrega de la mente, alma y cuerpo de una persona a un ser o un objeto, al cual le bridan devoción y lo hacen un ídolo.

¿Qué es un ídolo?

Ídolo, del hebreo *terafím*; ídolo de familia: estatua, a la que se le rinde veneración o adoración.

Por lo tanto, idolatría es el servicio en adoración que se le da a un ídolo.

La práctica de la idolatría es abominación delante de Dios, es por eso que el apóstol Pablo le escribió a los corintios diciéndoles que huyeran de ella.

> *Por tanto, amados míos, huid de la idolatría* (1 Corintios 10:14).

Características de los ídolos

En Salmos 115:4-8 se explica claramente lo que es un ídolo.

*Los ídolos de ellos son plata y oro,
obra de manos de hombres.*

*Tienen boca, mas no hablan;
tienen ojos, mas no ven;*

*orejas tienen, mas no oyen;
yienen narices, mas no huelen;*

*manos tienen, mas no palpan;
tienen pies, mas no andan;
no hablan con su garganta.*

*Semejantes a ellos son los que los hacen,
y cualquiera que confía en ellos.*

La prohibición a la idolatría es un mandamiento

En lo que se conoce como los Diez mandamientos el segundo de ellos dice:

No te harás imagen, ni ninguna semejanza de lo que esté arriba en el cielo, ni abajo en la tierra, ni en las aguas debajo de la tierra (Éxodo 20:4).

Dios prohibió las imágenes no solo de animales sino también de todo lo que está arriba en el cielo.

Ahora, supuestamente, ¿quién está arriba en el cielo? ¿Los ángeles, Dios, Jesús, la virgen, los santos? El mandamiento de Dios dice que no se hagan imágenes ni ninguna semejanza de ellos. ¿Por qué?

Porque al hombre le agrada adorar algo que pueda ver, e incluso Moisés tuvo que recalcarle al pueblo que Dios no se mostró físicamente para que no hicieran imagen de Él.

> *El día que el Señor les habló en Horeb, en medio del fuego, ustedes no vieron ninguna figura. Por lo tanto, tengan mucho cuidado de no corromperse haciendo ídolos o figuras que tengan alguna forma o imagen de hombre o de mujer* (Deuteronomio 4:15-16, NVI).

Dios prohíbe las imágenes porque Él es Espíritu. La Escritura dice en Juan 4:24: *Dios es Espíritu; y los que le adoran, en espíritu y en verdad es necesario que adoren.*

Aun después de que Dios les dio las Diez palabras, lo que conocemos como los Diez mandamientos, les enfatizó en los versículos 22 y 23 de Éxodo 20.

> *El Señor le ordenó a Moisés: Diles lo siguiente a los israelitas: Ustedes mismos han oído que les he hablado desde el cielo. No me ofendan; no se hagan dioses de plata o de oro, ni los adoren* (NVI).

A Dios le agrada que le adoremos en Espíritu y en verdad, no en materia, porque: *Dios es Espíritu; y los que le adoran, en espíritu y en verdad es necesario que adoren* (Juan 4:24).

Detrás de cada imagen hay un demonio y Dios advirtió a su pueblo que esta práctica los llevaría a la muerte:

> *Cuando hayáis engendrado hijos y nietos, y hayáis permanecido largo tiempo en la tierra, y os corrompáis y hagáis un ídolo en forma de cualquier cosa, y hagáis lo que es malo ante los ojos del Señor vuestro Dios para provocarle a ira, pongo hoy por testigo contra vosotros al cielo y a la tierra, que pronto seréis totalmente exterminados de la tierra donde vais a pasar el Jordán para poseerla. No viviréis por mucho tiempo en ella, sino que seréis totalmente destruidos* (Deuteronomio 4:25-26, LBLA).

Adorar imágenes, de hecho, es una maldición y un castigo por alejarse del verdadero Dios.

> *Y serviréis allí a dioses hechos de manos de hombres, de madera y piedra, que no ven, ni oyen, ni comen, ni huelen* (Deuteronomio 4:28).

Esto fue lo que el apóstol Pablo enseñó en Éfeso y por eso se hizo un escándalo: diciendo que no son dioses los que se hacen con las manos, o sea imágenes.

> *Pero veis y oís que este Pablo, no solamente en Éfeso, sino en casi toda Asia, ha apartado a muchas gentes con persuasión, diciendo que no son dioses los que se hacen con las manos* (Hechos 19:26).

Como al hombre le agrada adorar lo que ve, y no sabe cómo es Dios, desde el principio de las edades ha tratado de hacer algo que sea semejante a Él, así que el profeta Isaías le habla molesto al pueblo diciendo:

> *¿A qué, pues, haréis semejante a Dios, o qué imagen le compondréis? El artífice prepara la imagen de talla, el platero le extiende el oro y le funde cadenas de plata. El pobre escoge, para ofrecerle, madera que no se apolille; se busca un maestro sabio, que le haga una imagen de talla que no se mueva. ¿No sabéis? ¿No habéis oído? ¿Nunca os lo han dicho desde el principio? ¿No habéis sido enseñados desde que la tierra se fundó? Él está sentado sobre el círculo de la tierra, cuyos moradores son como langostas; él extiende los cielos como una cortina, los despliega como una tienda para morar* (Isaías 40:18-22).

Siendo Dios tan grande y tan poderoso, cómo podemos pensar que podemos hacerlo un muñeco o una figura para colgarlo en el cuello o colgarlo en la pared como "representación de Él?

El apóstol Pablo reprendió a los que tenían esta práctica:

> *Siendo, pues, linaje de Dios, no debemos pensar que la Divinidad sea semejante a oro, o plata, o piedra, escultura de arte y de imaginación de hombres* (Hechos 17:29).

Imaginación de hombres porque nadie sabe cómo es Dios, cada foto del Jesús que hacen es más bien una copia del rostro del dios romano zeus[2].

De hecho, a los romanos Pablo les dice:

> *Profesando ser sabios, se hicieron necios, y cambiaron la gloria del Dios incorruptible en semejanza de imagen de hombre corruptible, de aves, de cuadrúpedos y de reptiles* (Romanos 1:22-23).

Procesiones, una costumbre babilónica

Como puedes ver no solo hacían imágenes de animales, como sucedió con el becerro de oro cuando salieron de Egipto, sino también querían representar a Dios con alguna semejanza de hombre y hacían de Él imágenes para adorar o venerar. De hecho, la costumbre de las procesiones no es más que una costumbre babilónica adoptadas en las prácticas y costumbres por los romanos.

> *Porque las costumbres de los pueblos son vanidad; porque leño del bosque cortaron, obra de manos de artífice con buril. Con plata y oro lo adornan; con clavos y martillo lo afirman para que no se mueva. Derechos están como palmera, y no hablan; son llevados, porque no pueden andar. No tengáis temor de ellos, porque ni pueden hacer mal, ni para hacer bien tienen poder* (Jeremías 10:3-5).

---

2. La minúscula en zeus es intencional.

Algunas personas me dicen que poner imágenes es como poner la fotografía de algún familiar, lo cierto es que hay diferencias.

Ya que la foto del familiar no se adora, la adoración se muestra poniéndole velas y haciendo rezos y peticiones a dicha imagen.

La imagen que ponen de Jesús siempre es diferente: en una es rubio de ojos azules, en otra es de tez morena, en otra sus ojos son cafés, en otra su nariz es aguileña y en otra muy respingada; todas son diferentes. Lo cierto es que nadie sabe cómo fue su imagen, y como ya vimos, a Dios no le agrada que lo representen con imágenes.

La Virgen

Su nombre hebreo era Miriam, fue una mujer ejemplar y obediente, y por el hecho de ser el vaso que Dios usó para que naciera el Mesías, fue bendita entre las mujeres, pero también fue esposa de José y vivió como esposa con él. La Biblia enseña que después que nació Yeshua, ella tuvo relaciones conyugales con su esposo Yosef (José).

En esta cita la palabra *conoció* se usa para hacer notar la relación conyugal con su esposo José, y es la misma que se usó con Adán y Eva (ver Génesis 4:1, 25).

De hecho, la Nueva Biblia Latinoamericana de Hoy, dice:

Cuando José despertó del sueño, hizo como el ángel del Señor le había mandado, y tomó consigo a María como su mujer; y la conservó virgen hasta que dio a luz un Hijo; y le puso por nombre Jesús (Mateo 1:24-25, NBL).

Pero después de eso, tuvieron más familia.

Vienen después sus hermanos y su madre, y quedándose

afuera, enviaron a llamarle. Y la gente que estaba sentada alrededor de él le dijo: Tu madre y tus hermanos están afuera, y te buscan. Él les respondió diciendo: ¿Quién es mi madre y mis hermanos? Y mirando a los que estaban sentados alrededor de él, dijo: He aquí mi madre y mis hermanos. Porque todo aquel que hace la voluntad de Dios, ése es mi hermano, y mi hermana, y mi madre. (En esta Escritura vemos que el Maestro no hace diferencia entre aquellos que obedecen su Palabra y su madre.)

¿No es éste el carpintero, hijo de María, hermano de Jacobo, de José, de Judas y de Simón? ¿No están también aquí con nosotros sus hermanas? Y se escandalizaban de él (Marcos 6:3).

Notemos que la Escritura usa los pronombres para definir que los hermanos de los que habla no eran hermanos por la religión, sino de sangre, pues no dicen "los" hermanos, sino "sus" hermanos, lo cual indica que eran hermanos de sangre de Jesús, hijos de María, su madre.

De hecho, el apóstol Pablo cuando sube a Jerusalén para ver a Pedro, señala que Jacobo es hermano de Jesús.

> *Pero no vi a ningún otro de los apóstoles, sino a Jacobo el hermano del Señor* (Gálatas 1:19).

Si Jacobo no hubiese sido hermano de sangre del Mesías, Pablo hubiese dicho: "al hermano Jacobo" o quizá "a nuestro hermano", pero para definir a qué Jacobo se refería usó un pronombre personal para dejar en claro que se trataba del hermano de sangre de Jesús.

El libro de Hechos también lo menciona muy enfáticamente:

> *Todos éstos perseveraban unánimes en oración y ruego, con las mujeres, y con María la madre de Jesús, y con sus hermanos* (Hechos 1:14).

En aquellos días Pedro se levantó en medio de **los** hermanos (Hechos 1:15a).

Como ya mencionamos, Miriam (María) fue un vaso que Dios usó para que naciera el Mesías y no tenemos por qué adorarla. De hecho, cuando trataron de darle algún mérito a ella, el mismo Señor corrigió a la mujer que lo intentó:

> *Mientras Jesús decía estas cosas, una mujer de entre la multitud exclamó:*
>
> *—¡Dichosa la mujer que te dio a luz y te amamantó!*
>
> *—Dichosos más bien —contestó Jesús—, los que oyen la palabra de Dios y la obedecen* (Lucas 11:27-28, NVI).

¿Qué actitud debemos tomar como hijos de Dios ante los ídolos?

La Escritura dice que debemos destruirlos o entregarlos para su destrucción.

> Éxodo 23:24: *No te inclinarás a sus dioses, ni los servirás, ni harás como ellos hacen; antes los destruirás del todo, y quebrarás totalmente sus estatuas.*

Destruye toda idolatría en tu vida y la de tu familia, detrás de cada ídolo hay un demonio, recuerda lo que dice Salmos 115, y no tengas temor de ellos.

capítulo

18

El deber de congregarse

El congregarse no es opcional para los hijos de Dios. A pesar de que es un deleite, y para bendición nuestra, los que amamos al Eterno, bendito sea, no nos congregamos como pasatiempo, sino porque <u>es un mandamiento.</u>

> *"Seis días se trabajará, pero el séptimo día será día de completo reposo, santa convocación en que no haréis trabajo alguno; es día de reposo al Señor dondequiera que habitéis"* (Levítico 23:3, LBLA).

Al Eterno no le agrada cuando no vamos y dejamos su casa sola.

> *Esperáis mucho, pero he aquí, hay poco; y lo que traéis a casa, yo lo aviento. ¿Por qué? — declara el Señor de los ejércitos —. Por causa de mi casa que está desolada, mientras cada uno de vosotros corre a su casa. Por tanto, por causa vuestra, los cielos han retenido su rocío y la tierra ha retenido su fruto* (Hageo 1:9-10, LBLA).

En la antigüedad todos viajaban a Jerusalén, al templo, y los que iban eran bendecidos, pero los que se quedaban no.

Y sucederá que los de las familias de la tierra que no suban a Jerusalén para adorar al Rey, Señor de los ejércitos, no recibirán lluvia sobre ellos (Zacarías 14:17).

Al no venir la lluvia sobre sus tierras sus pérdidas eran grandes, pues no tenían cosechas, y por lo tanto, no tenían suficiente comida y economía, no había prosperidad. Lamentablemente, hay mucha gente que cambia su bendición por un plato de lentejas (cosas del mundo) Génesis 25:27-34; 27:1-40.

En esta historia podemos ver que Esaú perdió su bendición, y tenía sus razones, como hoy, mucha gente. Esaú tenía hambre, tenía necesidad y optó por tomar lo pasajero en lugar de lo eterno.

Cada vez que hay servicio en tu congregación, deja todo lo que tengas que hacer, pues hay alguien muy especial y más importante que nada en esta tierra que te está esperando; ve y serás bendecido, caerá lluvia de bendición sobre ti y sobre tu familia.

En muchas ocasiones no sentirás deseos de ir, pero lo harás porque eres obediente, no porque lo sientas. Mateo 26:41b dice: *el espíritu a la verdad está dispuesto, pero la carne es débil.*

La carne se rebela contra el espíritu y la chantajea con "necesito" y creemos que la necesidad física está antes que la espiritual y allí es cuando erramos.

Dios aborreció lo que hizo Esaú (Malaquías 1:1-3), no le agrada que cambies tu bendición por cosas pasajeras.

No le agrada que le demos migajas, Él quiere lo mejor (ver Malaquías 1:6-14).

Si le das a Dios lo que te sobra, en realidad solo te estás desprendiendo de algo que ya no necesitas.

Por eso cuando te reúnas dale lo mejor a Dios, tu mejor alabanza, tu mejor tiempo, tu mejor ofrenda, de todo dale lo mejor de ti, pues cuando te reúnes en el templo, en realidad, es el momento en que le dedicas a Él.

El congregarse trae sobre tu vida grandes bendiciones, todas las batallas las ganarás, pues tendrás a tu lado un ejército, porque cuando te reúnes hay unidad en contra de toda adversidad. La Escritura dice en Deuteronomio 32:30, LBLA: *¿Cómo es que uno puede perseguir a mil, y dos hacer huir a diez mil, si su Roca no los hubiera vendido, y el Señor no los hubiera entregado?*

De esto aprendemos que unidos somos más fuertes. Mira todas las bendiciones que la Biblia menciona acerca de congregarnos:

> Jueces 20:1, LBLA, dice: *Entonces salieron todos los hijos de Israel, desde Dan hasta Beerseba, incluyendo la tierra de Galaad, y la congregación se reunió al Señor como un solo hombre en Mizpa.*

¿Cómo podremos ganar las grandes batallas de nuestra vida si no estamos unidos? Necesitamos de las oraciones de unos por otros, para mantenernos firmes.

El rey David describe hermosamente la reunión de hermanos delante del Dios altísimo, pues es bueno y hermoso.

> *¡Mirad cuán bueno y cuán delicioso es habitar los hermanos juntos en armonía!* (Salmos 133:1).

Cuando el pueblo se reunía Dios era quien peleaba.

> *En el lugar donde oyereis el sonido de la trompeta, reuníos allí con nosotros; nuestro Dios peleará por nosotros* (Nehemías 4:20).

Pelea por nosotros porque nos reunimos para exaltar el nombre de Dios. Su pueblo se une para eso.

> Salmos 107:32, *Exáltenlo en la congregación del pueblo, y en la reunión de ancianos lo alaben.*

A Él le agrada estar donde nos congregamos, Yeshua dijo que donde se congregan en su nombre Él estará ahí.

> Mateo18:20, *Porque donde están dos o tres congregados en mi nombre, allí estoy yo en medio de ellos.*

Esta es la razón por la que debemos ser fieles, Él está esperando verte en esa reunión, junto con tus hermanos para alabarle. No seas como aquellos, como dijo Pablo, que tienen por costumbre no congregarse y a los cuales exhorta en su carta a los hebreos.

> *Y considerémonos unos a otros para estimularnos al amor y a las buenas obras; no dejando de congregarnos, como algunos tienen por costumbre, sino exhortándonos; y tanto más, cuanto veis que aquel día se acerca* (Hebreos 10:24-25).